死ぬまでに一度は行ってみたい

絶景神社

MAJESTIC SHRINES

PHP研究所
編

PHP研究所

はじめに
清々しい絶景の神域

一体、誰がこんなところに、なぜ鳥居を建てたのだろう。日本にはおもわずそう言いたくなる絶景神社が数多くある。

本書では日本各地にある絶景神社を1年12カ月をとおして紹介していく。

毎年季節がめぐってくると花開く吉水神社のシロヤマザクラ、冬至《とうじ》の頃になると伊勢神宮の鳥居の中央から現れる朝日、まるで氷の神殿のように滝が凍結する英彦山神宮の氷瀑《ひょうばく》など。

本書を読み終えたら、あなたはきっと思い出すだろう。そもそも日本は「八百万《やおよろず》の神」を信仰する国だったことを。「八百万の神」とはあらゆるものに魂が宿るという、日本古来の考え方だ。空にも、海にも、木にも、石にも、動物にも、人がつくった人工物にさえ、神さまは宿っている。

古《いにしえ》の人々にとって自然や四季の移ろい、そして生まれては死んでいく人間の営《いとな》みそのものが脅威であり、神秘だったのだ。だからそこに鳥居を建て、神さまとして祀《まつ》ったのだろう。

Contents

この本で紹介する絶景神社MAP

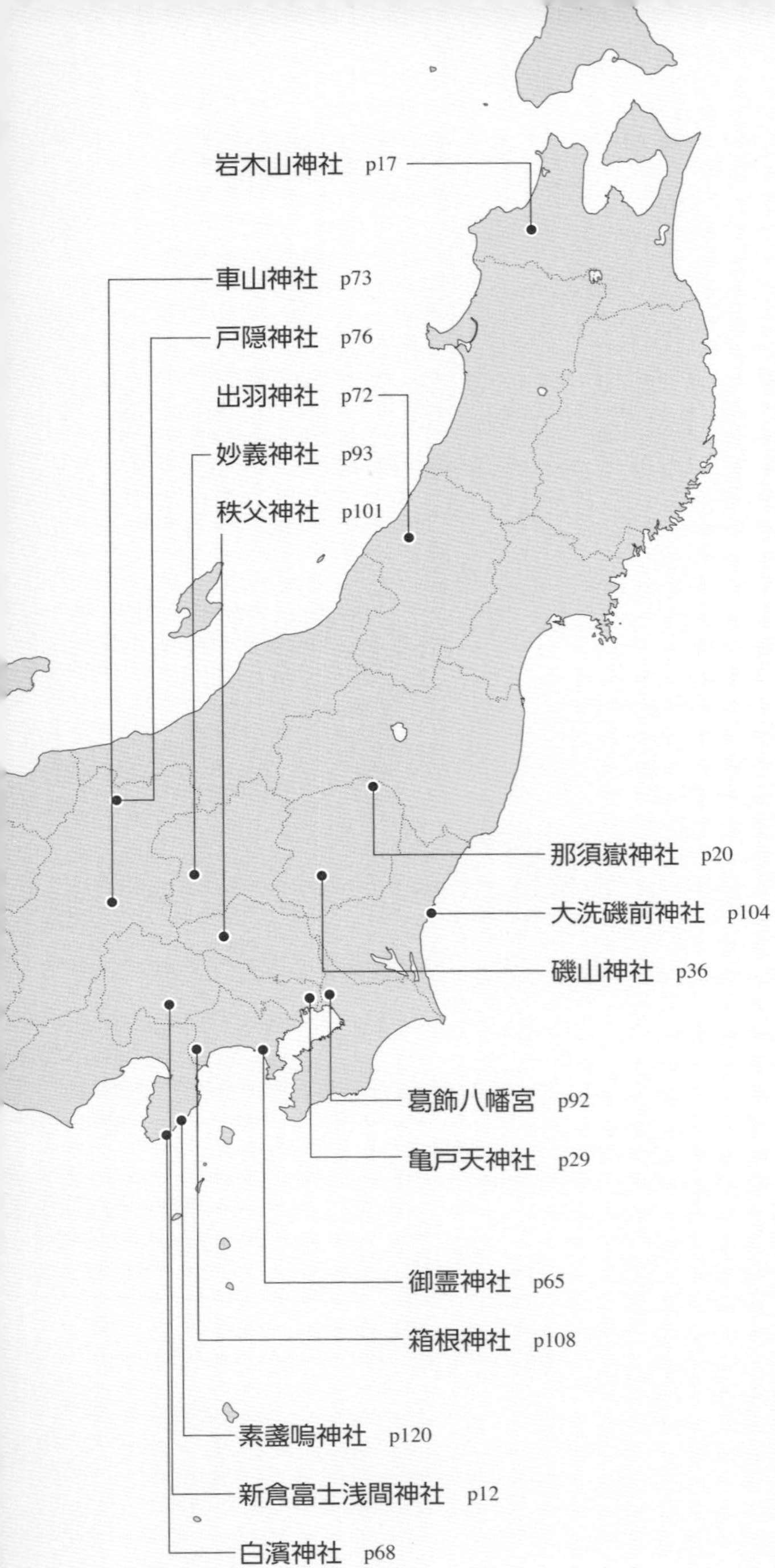

斎場御嶽 p64
波上宮 p56
平泉寺白山神社 p40
元乃隅神社 p109
稲佐の浜の弁天島 p84
貴船神社 p53
英彦山神宮 p112
野宮神社 p100
浮羽稲荷神社 p24
伏見稲荷大社 p44
宮地嶽神社 p117
城南宮 p125
長岡天満宮 p16
宗像大社
沖津宮遙拝所 p28
内尾神社 p41
櫻井神社
筑前二見ケ浦 p32
春日大社 p81
高屋神社 p124
熊野那智大社 p60
神倉神社 p116
霧島神宮 p88
鵜戸神宮 p48
吉水神社 p8
大神神社 p49
荒平天神 p52
花窟神社 p80
伊勢神宮 外宮 p96
伊勢神宮 内宮 p96

4月
奈良県

吉水神社

よしみずじんじゃ

吉水神社境内からの眺め。中千本と呼ばれる吉野山中腹に建っているため、下からせり上がるように咲く桜を楽しめる。一目千本という言葉通り、多数の桜が咲き乱れる風景に多くの人が言葉を失う。

奈良県

吉水神社

「一目《ひとめ》千本《せんぼん》」。これは吉野山の観桜《かんおう》スポットを示す言葉で、多くの桜が一目で見渡せること、という意味がある。吉野山の中腹に建つ吉水神社境内の展望所に立つと、まるで海のように桜が眼前に広がる。

吉野の桜の多くは日本古来のシロヤマザクラで、その数は２００種、約３万本にも及ぶ。標高の低い方から下千本、中千本、上千本、奥千本と地名がついており、例年４月初旬頃から順々に花が咲く。吉水神社は中千本に位置し、中千本と上千本の桜を一望することができる。

吉水神社の創建は古く、天武天皇の世に修験道の祖とされる役行者《えんのぎょうじゃ》が僧坊として建てたのが始まり。そもそもは吉水院と呼ばれていた。その後、明治時代の神仏分離令によって吉水神社と改められた。

さて、吉野にはなぜこれほどの桜があるのか。その答えは、吉水院を開いた役行者の逸話にある。役行者が吉

POINT

修験者も祈った北闕門《ほくけつもん》で邪気祓いを

書院裏庭にある北闕門は古来、修験者が入山の際に無事を祈った場所。現在は邪気祓いの場所として知られ、「九字真法」の作法で祈れば、さまざまな受難を免れるという。九字真法とは「臨《りん》・兵《びょう》・闘《とう》・者《しゃ》・皆《かい》・陣《じん》・烈《れつ》・在《ざい》・前《ぜん》」を唱えながら、手を刀に見立て、縦４回、横５回、空を切るもの。後醍醐天皇も朝夕行っていたという。

野・金峯山《きんぷせん》で修行をしていたときに蔵王権現《ざおうごんげん》が現れたため、役行者は桜の木で立像を彫《ほ》った。以来、桜の木は御神木とあがめられ、蔵王権現に祈願する際には桜の苗を寄進するようになったのだという。

この吉野の千本桜に魅《み》せられたのが、かの豊臣秀吉。１５９４年に総勢５０００人を引き連れ、盛大な花見の宴を行ったとされる。吉野の桜が人々を魅了し続けているのは、古来から続く人々の信仰心、その神々《こうごう》しさによるものかもしれない。

吉水神社には南北朝時代に南朝・後醍醐天皇の仮御所となった歴史がある。

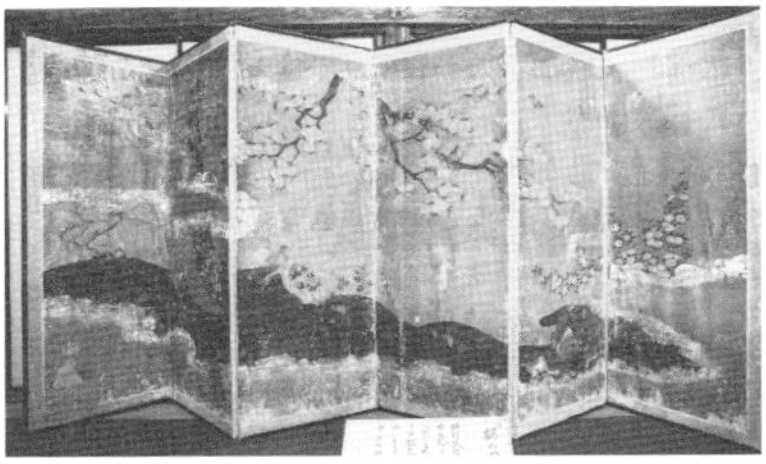
豊臣秀吉が花見の際に用いたという金《きん》屏風《びょうぶ》。茶道具などの品々も見られる。

3万本のヤマザクラが吉野山を埋め尽くす

DATA

御祭神　後醍醐天皇《ごだいごてんのう》、楠木正成《くすのきまさしげ》公、吉水院宗信法印《よしみずいんそうしんほういん》公

住所　奈良県吉野郡吉野町吉野山579

アクセス　近鉄吉野線「吉野」駅から吉野大峯ケーブルで5分「吉野山」駅下車、徒歩約20分

御利益

・縁結び
・邪気祓い
・健康長寿

4月
山梨県

新倉富士浅間神社

あらくらふじせんげんじんじゃ

白い雪と朱色の「忠霊塔」の対比が美しい。霊峰・富士の雄大さに、薄紅色の桜が彩りを添える。日本を象徴する風景として、仏ミシュラン社が発刊する『ミシュラン・グリーンガイド・ジャポン』の表紙にも選ばれた。見頃は例年、4月上旬から中旬。

山梨県

新倉富士浅間神社

日本を象徴する美しいものといえば、富士山、桜、そして芸者……という声もありそうだが、朱塗りの塔もその筆頭に入るだろう。新倉富士浅間神社はそれら三つがそろう、美しいビュースポットだ。

御祭神は木花咲耶《このはなさくや》姫命《ひめのみこと》。「浅間《せんげん》」とは火山、とくに活火山を表す古語で、そこから富士山をあがめる浅間信仰が生まれた。霊峰・富士を神格化した浅間大神《あさまのおおかみ》は中世に入ると木花咲耶姫命と同一視されるようになり、全国にある浅間神社の多くが木花咲耶姫命を祀《まつ》っている。

木花咲耶姫命といえば、「桜」の語源ともいわれる女神だ。絶世の美女であり、儚《はかな》さの象徴。春の到来とともに花を咲かせ、人々を魅了したかと思うとすぐに散ってしまう桜のイメージと合致する。

新倉富士浅間神社は新倉山浅間公園の入り口に建っている。春、桜の時期になると公園や山の傾斜そのままの

POINT

気象観測を体験する「富士山レーダードーム館」

富士吉田市立富士山レーダードーム館は、かつて日本の気象観測に欠かせない存在だった「富士山レーダー」が移設された体験学習施設。富士山頂の過酷な環境を体験したり、山頂で使用していた機器を使って気象観測を疑似体験したりできる。電車ではアクセスが悪いので、バスかタクシーを利用するとよいだろう。

参道は、一面桜に覆われる。桜のトンネルのような参道は「咲くや姫階段」と呼ばれる。３９８段あるその階段を上ると、戦没者を弔《とむら》うための「忠霊塔」と呼ばれる五重塔が建っている。新倉富士浅間神社を訪れたら、忠霊塔の背後に回ってみてほしい。そこには、すばらしい景色が広がっている。正面に富士山、眼下には満開の桜。忠霊塔の鮮やかな朱色が映える絶景を眺めるのに重要となるのは天気だ。晴れた日の早朝が最も美しいといわれている。

明治以降に戦没した富士吉田市出身者のための慰霊塔「忠霊塔」。

咲くや姫階段。標高が高いので、雪と桜が一緒に見られることもある。

霊峰・富士をたたえる桜に朱塗りの塔が映える

DATA

御祭神　木花咲耶姫命《このはなさくやひめのみこと》、大山《おおやま》祇命《ずみのみこと》、瓊瓊杵尊《ににぎのみこと》

住所　山梨県富士吉田市浅間2-4-1

アクセス　富士急行線「下吉田」駅から徒歩約５分

御利益

- 安産
- 開運
- 厄除
- 方除

4月
京都府

長岡天満宮

ながおかてんまんぐう

長岡天満宮の社殿前に広がる八条ヶ池。池を二分するようにかけられた中堤の両脇には市の天然記念物に指定されているキリシマツツジが植えられており、春になると一面が赤に染まる。

4月
青森県

岩木山神社

いわきやまじんじゃ

桜が咲き誇る、岩木山神社への参道。背後にある、雪をまとった津軽富士との対比がすばらしい。岩木山周辺には、美しい桜並木を鑑賞できるスポットが非常に多い。

京都府

長岡天満宮

奈良・平城京から京都へ都がうつされる前、10年ほどの間だけ都となった場所が長岡京だ。都ではなくなった長岡京は、その後のどかな田園地帯となった。この長岡の地を好んだのが菅原道真《すがわらのみちざね》だ。道真が太宰府《だざいふ》に左遷される際、長岡に立ち寄ったことを縁にこの地に神社が設けられた。

長岡天満宮の正面大鳥居から本殿へと向かうとき、大きな池の間を通ることになる。1638年に八条宮智仁親王《はちじょうのみやとしひとしんのう》の指示でつくられた灌漑《かんがい》用のため池で、その名にちなんで八条ヶ池と呼ばれる。池の堤にはキリシマツツジが植えられており、4月下旬が見頃。樹高は2メートル程度で、真紅のトンネルのような参道を歩くことができる。

真紅の回廊をつくる キリシマツツジの古木

POINT

乙訓寺《おとくにでら》でボタンの花をめでる

長岡天満宮から北へ向かい、徒歩約20分ほどに位置する、通称「ボタンの寺」。4月下旬〜5月上旬には、約2000株の美しい花が咲き誇る。

御利益

・学業成就

DATA

御祭神　菅原道真公《すがわらみちざね》

住所　京都府長岡京市天神2-15-13

アクセス　阪急京都線「長岡天神」駅から徒歩約10分

青森県

岩木山神社

標高1625メートル、長い山裾が美しく「津軽富士」とも称される。そんな岩木山を御神体とし、南東麓に建つのが岩木山神社だ。社伝によれば780年の創建だが、それ以前より自然への畏怖を込めて、山自体が信仰されていたと考えられる。

岩木山神社を訪れるのに最もよい季節は春だ。百沢《ひゃくざわ》の県道沿いには約20キロメートルもの桜並木があり、オオヤマザクラ約6500本が植えられている。見頃は例年4月下旬から5月上旬。町民によるヤマザクラの植樹がきっかけで、「世界一の桜並木をつくろう」と多くの桜が植樹された。桜の時期になっても、津軽富士はまだ雪景色。満開の桜とともに霊山をあおいでみたい。

津軽富士が御神体
桜と雪の共演が見事

POINT

参拝後は足湯を楽しむ

岩木山は火山のため、付近には温泉が多い。岩木山神社のすぐ近くは足湯があり、向かいにある茶屋の軽食を食べつつ湯につかることができる。

御利益

・開運

DATA

御祭神　顕国魂神《うつしくにたまのかみ》、多都比《たつひ》姫神《ひめのかみ》、宇賀能賣神《うかのめのかみ》、大山祇《おおやまづみの》神《かみ》、坂上刈田麿命《さかのうえのかりたまろのみこと》

住所　青森県弘前市百沢寺沢27

アクセス　JR奥羽本線・弘南鉄道「弘前」駅から弘南バスで40分「岩木山神社前」停すぐ

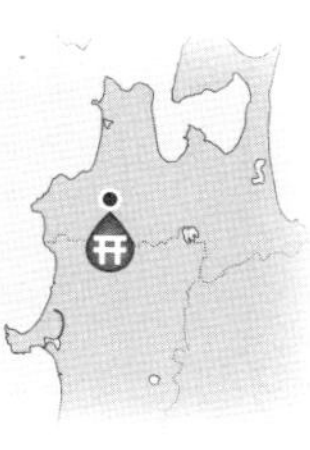

5月
栃木県

那須嶽神社

なすだけじんじゃ

雲海に浮かぶ那須嶽神社の鳥居。鳥居奥に祠《ほこら》が建てられている。雲海で下界が見えないときは、まるで空中に浮かんでいるかのようだ。毎年5月8日に行われる開山祭には約200人の参拝者が訪れるという。

栃木県

那須嶽神社

栃木県と福島県にまたがる那須岳の主峰・茶臼岳《ちゃうすだけ》は、標高１９１５メートルの活火山。頂上に立てば、雄大な自然の風景とともに白い噴煙が上がるのを見ることができる。そんなダイナミックな景色のなかに建つ神社が、那須嶽神社だ。

那須嶽神社は栃木県にある那須温泉神社《なすゆぜんじんじゃ》の奥宮で、茶臼岳山頂の東向きに鳥居、その奥に小さな祠がある。ゴツゴツとした大きな岩が目立つ山頂に、まるで天空に浮かぶかのような姿で立っているのが印象的だ。

ゴールデンウィークが過ぎた5月8日には毎年、那須連山の登山開始を告げる「那須岳開山祭」が那須嶽神社で行われる。そこで安全を祈願した後、登山者たちは春山登山を楽しむことになる。

茶臼岳の９合目まではロープウェイで上がることができ、その後、那須嶽神社まではおよそ60分。途中までで

POINT

松尾芭蕉も訪れた伝説の溶岩「殺生石《せつしょうせき》」

鳥羽上皇の寵愛《ちょうあい》を受けていた妖狐の化身、玉藻前《たまものまえ》が殺されて石になったという伝説があるのが、この殺生石。古くから小動物や虫などを殺す石として知られ、松尾芭蕉の『おくのほそ道』には、地面が見えないほどにハチやチョウの死体が重なっていたという記述がある。なお、火山ガスの噴出量が多い日は立ち入ることができない。

はあるが歩道が整備されているため、登山にあまり自信がなくとも訪れることは不可能ではない。

ロープウェイから見下ろす風景はまさに絶景。眼下に広がる山肌に、みずからが乗るロープウェイの影が写り込む様子はなんとも美しい。ひんやりと冷たい空気と、ふだんより近くにあるような真っ青な空に包まれて歩こう。那須嶽神社と刻まれた小さな祠を目にしたとき、古来より日本人に伝わる自然崇拝の念が自然と湧き上がってくる。

ロープウェイ山頂駅の標高は1684メートル。眼下に広がる雄大な景色がすばらしい。

茶臼岳頂上に建つ那須嶽神社の祠。関東平野を見渡すことができる。

壮大な自然に包まれた茶臼岳の頂上に立つ祠

DATA

御祭神　大己貴命《おおなむちのみこと》、少彦名命《すくなひこなのみこと》、誉《ほむ》田《た》別命《わけのみこと》

住所　栃木県那須郡那須町湯本

アクセス　JR東北本線「那須塩原」駅から東野交通バスで70分「山麓駅前」下車、那須ロープウェイ「山頂」駅から徒歩約50分

御利益

・嵐除
・商売繁昌
・家内安全
・病気平癒

5月
福岡県

浮羽稲荷神社

うきはいなりじんじゃ

まるで空につながっているかのような鳥居。10年以上前に奉納されたものから、近年のものまでさまざま。社殿の立つ高台からの眺めは格別だ。青空のきれいな日に写真を撮るとよいだろう。

福岡県

浮羽稲荷神社

福岡県と大分県の県境にあるうきは市は、傾斜がきつい場所につくられる稲作地「棚田《たなだ》」で有名だ。田植えの季節になるといっそう美しい風景をつくり出し、とくに「つづら棚田」は日本棚田百選にも選ばれている。

そんな棚田の里・うきは市の新名所ともいえるのが浮羽稲荷神社だ。城《じょう》ヶ《が》鼻《はな》と呼ばれる高台に建つ神社で、参道はおよそ300段の階段。そこに91基の鳥居が連なっている。のどかな風景の緑色とせり上がるように並ぶ鳥居の鮮やかな朱色のコントラストが見事だと、その風景を写真に撮ろうと多くの若い女性が訪れるという。

天気が良く空が青い日は、眼下の景色を遠くまで見渡すことができる。また、春は桜の名所としても知られていて、参道にも桜が咲き誇る。

1957年、京都の伏見稲荷大社から稲《う》倉《が》魂神《みたまのかみ》を、松尾大社から大山咋神《おおやまぐいのかみ》を、そして太宰府天満宮から菅《すが》

POINT

調音《ちようおん》の滝公園の森林で心身をリフレッシュ

車で10分ほどの距離にある調音の滝公園の「調音の滝」は、水源の森百選に選ばれた場所。うきは市では、公園内の散歩道などで森林の持つパワーを心身の健康づくりに役立てる「森林セラピー」を実施している。日常から離れ、森林浴で気分をリフレッシュしてみてはどうだろうか。

石段を上りきったところに建つ本殿。両脇にはキツネが鎮座している。

神社周辺にも田畑が広がっている。写真は日本棚田百選に選ばれた「つづら棚田」。

原道真《わらのみちざね》を勧請《かんじょう》し、創建された。商売繁盛、五穀豊穣《ごこくほうじょう》、酒造、学業向上などの御利益があるという。

鳥居を一つひとつくぐって到着する本殿の立つ場所はたいへん見晴らしが良く、筑後平野を見渡すことができる。さらに日中のみならず、夕暮れ時も美しい。参拝を済ませたら、ぜひ振り返って、のんびりと風景を楽しんでほしい。日本の原風景ともいうべきものが感じられる。豊かな自然を感じられるスポットが多く、時間をつくってゆっくりと訪れたい。

眼下に映える
筑後平野と鳥居のコントラスト

DATA

御祭神　稲倉《うが》魂神《みたまのかみ》、大山咋《おおやまくいの》神《かみ》、菅原道真《すがわらみちざね》

住所　福岡県うきは市浮羽町流川1513-9

アクセス　JR久大本線「うきは」駅から徒歩約25分

御利益

・商売繁盛
・酒造
・五穀豊穣
・学業向上

5月
福岡県

宗像大社 沖津宮遙拝所

むなかたたいしゃ おきつみやようはいじょ

沖ノ島を望む沖津宮遙拝所。古来、沖ノ島は島そのものが神として信仰されてきた。古代より祭祀が行われていたとされ、多くの神宝が遺跡から出土している。青い海に浮かぶ沖ノ島は荘厳な雰囲気。

5月
東京都

亀戸天神社

かめいどてんじんしゃ

東京一のフジの名所として知られる亀戸天神社では、例年4月下旬から神苑の藤棚のフジがいっせいに花を咲かせる。空に目をやると、東京スカイツリーが見える。優雅なフジの花と近代的な夜景のコラボレーション。

福岡県

宗像大社
沖津宮遙拝所

全国にある宗像神社、嚴島神社の総本宮。天照大神《あまてらすおおみかみ》と素戔嗚尊《すさのおのみこと》の誓約《うけい》によって生み出された宗像三女神《むなかたさんじょしん》が宗像の地へ降臨したのが宗像大社の起源だ。

宗像大社には宗像本土の辺津宮《へつみや》と、宗像市大島の中津宮《なかつみや》、そして玄界灘に浮かぶ沖ノ島の沖津宮、三つの社殿がある。沖ノ島は古来、神宿る島として信仰されており、「島で見聞きしたことはけっして話してはならない（不言様《おいわずさま》）」「一木一草一石たりとも島から持ち出してはならない」などの厳格な禁忌があり、神職を除いて入島できない。そのため、島を拝むために大島の先端に設けられたのが遙拝所だ。晴れた日には沖ノ島を拝することができる。

海を越えた先の「神宿る島」を拝む

POINT

宗像氏の古墳を巡る

新原《しんばる》・奴山古墳群《ぬやまこふんぐん》は沖ノ島祭祀を行った宗像氏の墳墓群で、計41基が現存する。「神宿る島」宗像・沖ノ島と関連遺産群の構成資産として世界遺産に登録されている。

御利益

—

DATA

御祭神 ——
住所 福岡県宗像市大島1293
アクセス 大島港から島内観光バス「宗像大社沖津宮遙拝所」停すぐ

東京都

亀戸天神社

古くは、九州・太宰府天満宮に対して「東《あずまの》太宰府天満宮《だざいふてんまんぐう》」と呼ばれた古社。1662年に太宰府天満宮の神官だった菅原道真《すがわらのみちざね》の末裔《まつえい》・菅原大鳥居信祐《すがわらのおおとりいしんゆう》が神のお告げによって創建した。

ゆえに神社としては350年を超える歴史を持つのだが、近年は2012年に開業した東京スカイツリーのビュースポットとしても知られるようになった。とくに、天神ゆかりの花であるウメの時期はもちろん、晩春に咲くフジの花の名所としても有名だ。神苑には百株ものフジが15の棚にかけられ、満開になるとまるで花のシャワーのよう。藤棚越しに東京スカイツリーが見え、夜になるとライトアップによって昼とは違った眺めを楽しめる。

美しいフジの紫と東京の新名所とのコラボ

POINT

亀戸大根をご賞味あれ

亀戸大根とは、当地で江戸時代から栽培されていた伝統野菜。戦後にはほとんど生産されなくなったが、現在でも葛飾区などで栽培が続けられている。

御利益

・学業成就

DATA

御祭神　菅原道真《すがわらみちざね》、天菩日命《あめのほひのみこと》

住所　東京都江東区亀戸3丁目6-1

アクセス　JR総武線「亀戸」駅から徒歩約15分

6月
福岡県

櫻井神社
筑前二見ケ浦

さくらいじんじゃ
ちくぜんふたみがうら

国内有数の名勝・筑前二見ケ浦。夫婦岩《めおといわ》は古来、櫻井神社の宇良宮《うらのみや》として伊弉諾命《いざなぎのみこと》と、伊弉冉命《いざなみのみこと》が祀《まつ》られている。古《いにしえ》から変わらぬ風景に魅せられる人は多い。

福岡県

櫻井神社 筑前二見ケ浦

筑前二見ケ浦の夫婦岩といえば、伊勢のそれと並んであまりにも有名で、その風景を思い浮かべる人も多いだろう。「日本の渚百選」にも選ばれている筑前二見ケ浦の夫婦岩は、古来、竜宮の入り口として親しまれ、また福岡県糸島市にある櫻井神社の社地*として人々の信仰を集めてきた。ともに三角形をした夫婦岩は、高さ11・8メートルと11・2メートル。海にどっかり鎮座した、この同形の二つの岩に、人々は何かしら神がかったものを感じていたのだろう。

この筑前二見ケ浦が特別な表情を見せるのが夏至《げし》の頃。夫婦岩の間に夕陽が落ちるのだ。「日本の夕陽百選」にも選ばれているロマンチックな風景を見ようと、多くの恋人たちが訪れるという。

夫婦岩には伊弉諾命と伊弉冉命の二神が祀《まつ》られている。伊弉諾命と伊弉冉命といえば、その結婚によって淡

＊社地……神社の所有する土地のこと。

POINT

冬に訪れたら ぜひカキ小屋へ

糸島の名物といえばカキ。毎年冬になると、市内各所にカキ小屋が登場する。獲れたてのカキは新鮮でリーズナブル。多くは自分で焼いて食べる。カキ小屋のなかにはご飯や飲み物を持ち込めるところもあるので、獲れたてのカキを自分で焼いて、お気に入りの飲み物をおともに食べる、といったことも可能。

路島をはじめとする日本の国土を次々に生み出し、さらに海はもちろん、石、木、野、風、穀物など森羅万象《しんらばんしょう》をつくり出した神。二神が生み出した海に、その二神が祀られているのだ。

夫婦岩の間に沈みゆく太陽の暖かな光に包まれる光景は、息を飲む美しさだ。太陽が水平線へと沈むと、辺りは暗闇に包まれる。夏至の頃にだけ訪れる、ほんのわずかなひととき。祀られた二神を思いながら、その時間を静かに過ごしてみたい。

夏至の頃。夫婦岩の間に夕陽が沈む。岩が夫婦のようにも見えるから不思議だ。

三間社《さんげんやしろ》流造《ながれづくり》の本殿。拝殿、楼門ともに福岡県重要文化財に指定されている。

天地開闢《てんちかいびゃく》の二神を祀る二つの巨岩

DATA

御祭神 伊弉諾命《いざなぎのみこと》、伊弉冉命《いざなみのみこと》
住所 福岡県糸島市志摩桜井4227
アクセス JR筑肥線「筑前前原」駅から糸島市コミュニティバス「伊牟田」停下車徒歩約30分

御利益

- 縁結び
- 夫婦円満

6月
栃木県

磯山神社

いそやまじんじゃ

ピンクやブルー、白といったさまざまな色のアジサイが境内に約2500株。夜には提《ちょう》灯《ちん》に明かりが灯り、かわいらしいアジサイをやさしく照らす。関東屈指のアジサイの名所として知られ、開花時期には多くの人が訪れる。

栃木県

磯山神社

社伝によれば、９８８年に創建された磯山神社は、１６４８年には徳川三代将軍・家光から幕府の承認を受けて朱印地を与えられたという由緒ある古社だ。境内には天然記念物に指定された杉の古木があり、静謐《せいひつ》な雰囲気が漂っている。ちなみに、主祭神の大己貴命《おおなむちのみこと》は国造りの神として知られる大国主命《おおくにぬしのみこと》の別名だ。

磯山神社の境内には、氏子が守り育ててきたという28種約２５００株のアジサイが植えられており、毎年6月下旬から7月初旬になると、境内一帯に色とりどりの花を咲かせる。さらに、夕暮れからは提げられた提灯にも明かりが灯され、丸いアジサイの花とやさしい光で辺りを照らす丸い提灯で、まるでファンタジーの世界に入り込んだような気持ちになる。

同時期、境内には茅《ち》の輪《わ》が設けられる。茅の輪とはカヤでつくった人がくぐれるほどの大きな輪で、この茅の

POINT

お隣の栃木市には「あじさい坂」がある

磯山神社がある鹿沼市に隣接する栃木市には、太平山県立自然公園六角堂前から太平山神社に続く参道があり、その一部が「あじさい坂」と呼ばれるアジサイの名所になっている。約1000段の石段両側に約2500株のセイヨウアジサイ、ガクアジサイなどが咲き誇る。雨の日に訪れると、太平山の石を使った石段が黒く光り、美しい。

輪をくぐると厄祓いになるといわれている。茅の輪くぐりは「夏越《なごし》の大祓《おおはらえ》」という正月以降半年間の穢《けが》れを祓う行事のうちの一つとして、6月30日に全国的に行われている。茅の輪くぐりは、「祓《はら》えたまえ、清めたまえ、守りたまえ、幸《さきわ》へたまへ」と唱えながら、左、右、左の順に八の字を書くようにくぐるのが習いだ。

神社は古来より、人々の暮らしとともにある。身近な人々の手によって彩られ、守られ、信仰される。その存在が人々のよりどころとなっているのだろう。

境内に設置された茅の輪。半年間の穢れを祓い、身を清める。

種類豊富なアジサイ。期間限定で夕刻にはライトアップされている。

28種約2500株のアジサイが咲き誇る

DATA

御祭神　国造大己貴命《くにつくりおおなむちのみこと》、伊弉《いざ》冊命《なみのみこと》、大日孁貴尊《おおひるめのみこと》、木花咲耶《このはなさくや》比売命《ひめのみこと》

住所　栃木県鹿沼市磯町66

アクセス　東武日光線「楡木」駅から徒歩約20分

御利益

- 家内安全
- 五穀豊穣
- 縁結び

6月
福井県

平泉寺白山神社

へいせんじ
はくさんじんじゃ

2017年に開山1300年を迎えた平泉寺白山神社の拝殿。古くから死者の魂が鎮まる山、あるいは神々が宿る山として信仰を集めてきた。たくさんの水系を生む、地下水に恵まれた白山。白山神社境内には神々の水を含んだコケが輝いている。

6月
兵庫県

内尾神社

うちおじんじゃ

丹波の山中にひっそりと建つ内尾神社。6月中旬から7月初旬の夕暮れ、人気のない境内でヒメボタルが舞う。静寂のなか、小さな光が杉の木立の前を飛び交う様子は、とても幻想的。夢のような風景に言葉を失ってしまう。

福井県

平泉寺白山神社

福井、石川、富山、岐阜の4県にまたがる白山。雪を年中いただいた秀麗な姿で、富士山、立山とともに日本三大霊山に数えられる。

その霊峰の越前側の拠点として開かれたのが平泉寺だった。比叡山延暦寺の末寺として発展したのち、明治の神仏分離令によって寺号が廃止となった。そのため、現在は白山神社となっている。

戦国時代には日本最大規模の宗教都市だった平泉寺一帯。近年の調査によってその都市の様子が明らかになってきている。緩やかな傾斜がある境内にはコケが一面にむしており、初夏から秋頃までにかけては水を含んで艶《つや》やかに光る。まるでグリーンのビロードのようだ。

神々しく輝くコケの下には 500年前の宗教都市が眠る

POINT

宗教都市の一角を見学

白山神社境内にある南谷《みなみたに》発掘現場では、近年の調査によって宗教都市の様子が徐々に明らかになっており、中世の遺跡としては国内最大級の石畳道などが見学できる。

御利益

・縁結び
・商売繁盛

DATA

御祭神　伊弉冊尊《いざなみのみこと》
住所　福井県勝山市平泉寺町平泉寺56-63
アクセス　えちぜん鉄道「勝山」駅からコミュニティバス・ダイナゴン（平泉寺方面）乗車、「平泉寺神社前」からすぐ
※ダイナゴンは休日限定
※12月〜3月中旬運休

兵庫県

内尾神社

兵庫県の中東部に位置する丹波市。その山中、氷上町《ひかみちょう》にある内尾神社はヒメボタルの群生地として知られる。神社のそばはゴルフ場で、人家は少ない。

神社の起源は古く、702年に山伏の宿堂が建てられ、そこに春日大明神や地蔵権現などを勧請《かんじょう》して法道仙人《ほうどうせんにん》が千日の行を勤めたこととされているが詳細は不明だ。1185年には源頼朝から神域が与えられ、その場所に社殿が設けられたという。

境内には樹齢600年ともいわれる大杉が参道脇に立ち並び、おごそかな雰囲気を醸《かも》し出している。普段は静かな内尾神社だが、6月になるとホタルの乱舞が見られることで人気。鑑賞ツアーも開催されている。

ヒメボタルが杉の古木の間を踊る

POINT

丹波市の夏はブルーベリー

内尾神社がある丹波市の名物は、秋の丹波栗。近年はブルーベリーの栽培が盛んで、夏の新名物になりつつある。7月末～8月中旬にはブルーベリー祭りや摘み取り体験ができる場所もある。

御利益

- 五穀豊穣
- 夫婦和合

DATA

御祭神　鸕《う》鷀《が》草《や》葺不合尊《ふきあへずのみこと》など

住所　兵庫県丹波市氷上町三原13

アクセス　北近畿豊岡自動車道・氷上ICから車で約10分

7月
京都府

伏見稲荷大社 —— ふしみいなりたいしゃ

7月の土用入り後、最初に訪れる日曜もしくは祝日に行われる本宮祭《もとみやさい》。稲荷大神の日々の恩恵に感謝する大祭で前日の宵宮祭《よいみやさい》では、境内全域の石灯籠に火が灯り、提灯《ちょうちん》が提げられる。赤く染まった境内が夏空に浮かび上がる。

京都府

伏見稲荷大社

神社仏閣が多い京都のなかでも指折りの参拝者を誇る伏見稲荷大社。全国に約3万社あるといわれる稲荷神社の総本宮で、商売繁盛の神として親しまれる。境内のいたるところに稲荷大神の使いとされる〝おキツネさま〟が置かれ、スタイルも顔つきもさまざまだ。

伏見稲荷大社の祭神は、本殿に祀《まつ》られている5柱。稲荷大神の神徳を神名化したものとされているので、祭神は稲荷大神といえよう。8世紀、元明天皇の命で編纂《へんさん》されたという『山城国風土記《やましろこくふどき》』の逸文によると、秦《はた》氏の棟梁・秦伊呂具《はたのいろぐ》があるとき、餅を的にして矢を放ったところ、その餅が白い鳥になって飛んでいった。鳥の降り立った山の峰には稲がなったことから、その山が「イナリ」と呼ばれるようになったという。

伏見稲荷の社域は稲荷山一帯に広がる。1万にのぼる数の鳥居が並ぶ千本鳥居をはじめ、鮮やかな朱色がひと

POINT

『枕草子』に登場した「お山巡り」もぜひ

伏見稲荷大社が鎮座する稲荷山は、稲荷信仰発祥の地といわれる。山全体に社が点在し、それらを巡って御利益を得ようというのが「お山巡り」。平安時代にはすでに行われていたようで『枕草子』にも登場する。道のりはおよそ4キロメートル。ゆっくり歩いても2時間程度で巡ることができる。

きわ美しい。この朱色は「稲荷塗」といわれており、朱、明、など「あけ」という言葉の明るい語感とともに稲荷大神の御魂の働きを表す色だという。７月、土用入りの後の最初の日曜（もしくは祝日）には、稲荷大神の神徳に感謝する大祭「本宮祭《もとみやさい》」が行われる。訪れたいのは前夜の宵宮祭《よいみやさい》。境内にある何百、何千の石灯籠に明かりが灯され、暖かい光を放つ提灯《ちょうちん》も提げられる。まるで夏の夜空に赤く染まった社殿が浮かび上がるような幻想的な風景がそこに広がっている。

凛々しい顔のおキツネさま。口にしている稲穂は五穀豊穣のシンボルだ。

稲荷山の山頂付近・四ツ辻からは市内が一望できる。夕暮れ時も見事。

赤く染まった稲荷山が夏の夜空に映える

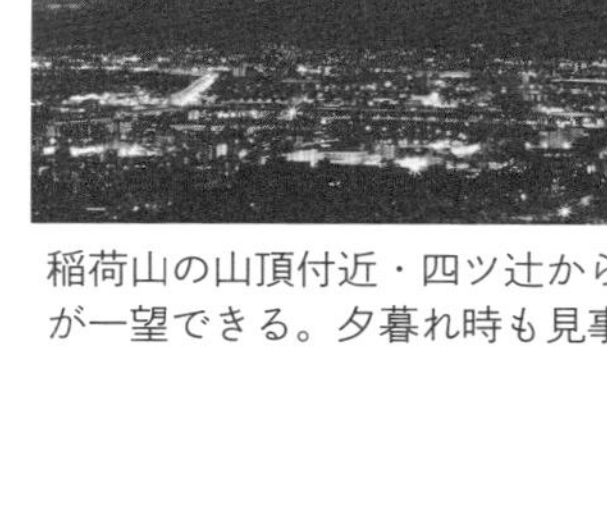

DATA

御祭神　宇迦之御魂大神《うかのみたまのおおかみ》、佐《さ》田彦大神《たひこのおおかみ》、大宮能売大神《おおみやのめのおおかみ》、田《た》中大神《なかのおおかみ》、四大神《しのおおかみ》

住所　京都府京都市伏見区深草薮之内町68

アクセス　JR奈良線「稲荷」駅からすぐ

御利益

- 商売繁盛
- 安産
- 病気平癒
- 学業成就

7月
宮崎県

鵜戸神宮

うどじんぐう

宮崎・日《ひゅう》向《が》灘《なだ》に面した洞窟に建つ鵜戸神宮。崖に沿ってつくられた石段を下った先にある本殿に向かえば、何千年もかけて自然がつくり出した地形のなかに、鮮やかな社殿が埋まっている。

7月
奈良県

大神神社

おおみわじんじゃ

奈良盆地を取り囲む青垣山《あおかきやま》のなかでも、ひときわ美しい円錐形をした三輪山と青々とした稲穂。自然崇拝を重ねてきた日本の心を表しているかのような風景だ。三輪山には大物主大神《おおものぬしのおおかみ》が鎮まっているとされる。

宮崎県

鵜戸神宮

地元の人たちから「鵜戸さん」と親しまれる鵜戸神宮の本殿は、日向灘《ひゅうがなだ》に突き出した鵜戸崎岬の先端にある洞窟のなか。周囲には波しぶきに削られて奇妙な形をした巨岩が多数見られ、不思議な景観をつくり出している。

社伝によれば、山幸彦《やまさちひこ》が、兄・海幸彦《うみさちひこ》の釣り針を探しに龍宮に出かけたところ、海神の娘・豊玉姫命《とよたまひめのみこと》と結ばれた。2人の御子が日《ひ》子波瀲武鸕鷀草葺不合尊《こなぎさたけうがやふきあえずのみこと》で、鵜戸神宮の祭神。社殿の建つ場所は産殿の跡だという。

鵜戸神宮を訪れたらまず、福注連縄《ふくしめなわ》で穢《けが》れを清めてから参拝を。洞窟内には豊玉姫命が御子を思って乳房をつけたとされる「お乳岩」がある。今も石清水が湧き出しており、近くには「お乳水」が取れるところもある。

自然と神話が一体に
洞窟のなかにある本殿

POINT

運玉を投げて運試し

本殿の前に広がる海に向かい、「運玉」と呼ばれる素焼きの玉に願いを込めて投げ入れる。霊石亀石の穴に入れることができれば、願いがかなうといわれている。

御利益

・縁結び
・安産
・海上安全

DATA

御祭神 日子波瀲武鸕鷀草《ひこなぎさたけうがや》葺不合尊《ふきあえずのみこと》
住所 宮崎県日南市大字宮浦3232
アクセス JR日南線「伊比井」駅、または「油津」駅から路線バス「鵜戸神宮」下車徒歩約10分

奈良県

大神神社

日本最古の神社とされる大神神社。神話でもその創祀について述べられており、大物主大神が現れ、国造りを成し遂げるために東の方角にある三輪山に鎮まることを望んだといわれる。

三輪山は標高４６７メートル、一木一草に至るまで神が宿るとしてあがめられている。三輪山は大神神社の御神体であり、古くから禁足地であったが、現在では当日に届出をすれば登拝が可能となっている。また、神社には本殿はなく、三輪山と拝殿との間に三ツ鳥居と呼ばれる特別な鳥居がある。現在でも山そのものに祈りを捧げるのだ。夏、稲穂が青々と茂る頃、三輪山を眺めてみよう。自然と敬虔な気持ちが湧き上がってくる。

三輪山を御神体とする日本最古の神社

POINT

摂社・綱越神社の夏祭り

大神神社から歩いて10分ほどのところにある摂社・綱越《つなこし》神社は、夏越《なごし》の大祓《おおはらえ》で有名。「おんぱら祭」と親しまれにぎやかな祭りが行われる。7月31日には花火も奉納される。

御利益

- 商売繁盛
- 病気平癒
- 願望成就

DATA

御祭神　大物主大神《おおものぬしのおおかみ》、大己貴神《おおなむちのかみ》、少彦名神《すくなひこなのかみ》

住所　奈良県桜井市三輪1422

アクセス　JR桜井線「三輪」駅から徒歩約5分

1月
2月
3月
4月
5月
6月
7月
8月
9月
10月
11月
12月

7月
鹿児島県

荒平天神

あらひらてんじん

鹿児島・錦江湾《きんこうわん》沿いの岬に建つ荒平天神。社殿は木々に包まれて見えないが、そこへ導く砂州に鳥居の建つ風景がなんともフォトジェニック。早朝、夕暮れ、快晴、雨……。それぞれに違った表情を見せる。

7月
京都府

貴船神社

きふねじんじゃ

京都の奥座敷とも呼ばれる貴船の中心的存在、貴船神社。足を踏み入れると、自然の生命力を感じる。ほとばしる水の流れ、水をたっぷり含んだ木々の緑。それらに包まれるように建つ社殿は「氣」で満ちている。

鹿児島県

荒平天神

鹿児島県大隅半島のほぼ中央・錦江湾沿いを、垂水《たるみず》港から車で走ることおよそ16キロメートル。海に突き出た小さな岬に赤い鳥居が建っているのが見える。通称荒平天神、正式名は菅原神社という。

創建年代は不詳だが、地元の参拝者が多い神社で、社名からもわかるように学問の神・菅原道真《すがわらのみちざね》を祀《まつ》る。1923年に一度社殿を焼失したが、御神体は無事だったという。

参拝の際は急な階段を上ることになるので、足腰に自信のない人は要注意。さらに気をつけたいのが時間帯だ。社殿のある岬とは砂州でつながっているので、満潮になると海に沈んでしまう。神社はまさに〝海に浮かぶ神社〟なのだ。

満潮になると
砂州が消え海に浮かぶ

POINT

梅の形をした輝く貝殻!?

菅原道真に関わる花といえば梅だ。荒平天神にも梅にちなんだ言い伝えがあり、一帯の海岸には梅の花の形をした貝殻が海の方から流れ着き、夜になると白く光り輝くという。

御利益

・学業成就

DATA

御祭神 菅原道真《すがわらみちざね》

住所 鹿児島県鹿屋市天神町

アクセス 垂水港から車で約20分

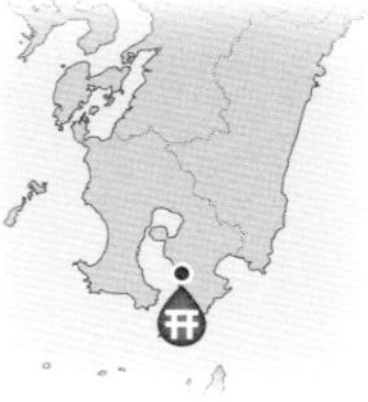

京都府

貴船神社

京都市内を流れる鴨川の源流の一つ、貴船川。そのそばに建ち、水の神を祀《まつ》るのが貴船神社だ。地名の貴船は、古くは「氣生根《きぶね》」と書き、万物のエネルギーである「氣」が生ずる根源の地を意味する。

本宮に祀られる高龗神《たかおかみのかみ》は運氣隆昌の龍神。その氣に触れるだけで、元気になり、パワーがみなぎるといわれている。ではその氣に触れるにはどうすればいいか。

一つは水だ。本宮社殿前の石垣からは、御神水がこんこんと湧き出ている。美しい清水に御神徳を感じる。もう一つは木だろう。社殿の周囲は豊かに葉をつけた木々が茂る。いずれも大木で生き生きとしている。龍神の眠る山のパワーがみなぎっているのだろう。

運氣隆昌の龍神による氣がみなぎる根源の地

POINT

七夕にはライトアップ

毎年、七夕の日には神事などが行われる。境内のササには、参拝者の願いを書いたたくさんの短冊が提げられる。夜にはライトアップも行われ、ファンタジックな景色となる。

※7月7日が土・日曜に当たる場合、神事などは翌月曜に行われる。

御利益

- 運氣隆昌
- えんむすび
- 諸願成就

DATA

御祭神　高龗神《たかおかみのかみ》、磐長姫命《いわながひめのみこと》
住所　京都府京都市左京区鞍馬貴船町180
アクセス　叡山電車「貴船口」駅下車、京都バス「貴船」停から徒歩約5分

8月
沖縄県

波上宮

なみのうえぐう

「波の上ビーチ」の崖の上に社殿が建つ。見晴らしがよく、また海の方からもよく見えるため、古来、航海の無事と感謝の祈りが捧げられてきた。この巨岩はどのようにこの場所へ来たのか。それは神のみぞ知る、だ。

沖縄県

波上宮

那覇空港からモノレールで約10分。旭橋駅《あさひばしえき》で下車し、歩いて15分ほどのところに広がるエメラルドグリーンのビーチに突如現れる崖の上に建つのが波上宮だ。

沖縄には古くからニライカナイ信仰が伝わっている。海の彼方《かなた》に神々の暮らすニライカナイという場所があり、海の安全はもとより、五穀豊穣、延命長寿、家内安全といったさまざまなことを祈ってきた。人々は死ぬとニライカナイへ行き、現世と同じような暮らしをする。そして、霊たちはまた現世へ還《かえ》ってくるというのだ。波上宮はこのニライカナイ信仰の聖地の一つ。崖端を聖地として、人々は日々祈りを捧げたという。

崖端に建つ本殿を見るには、波之上臨海道路からがよい。車は停まれないので、車で訪れた場合には近くの駐車場に駐車して歩いて行くとよい。青空と美しい海との間に鎮座する崖には木々が苔のように生え、赤い社殿が

POINT

琉球八社を巡ってパワーチャージ

沖縄には、波上宮を筆頭に八つの神社がある。琉球王府から官社として特別の扱いを受けた八社で「波上宮」のほかに、那覇市の「沖宮《おきのぐう》」「識名宮《しきなぐう》」「末吉宮《すえよしぐう》」（右写真）「安里八幡宮《あさとはちまんぐう》」「天久宮《あめくぐう》」、宜野湾市の「普天間宮《ふてんまぐう》」、国頭郡金武町《くにがみぐんきんちょう》の「金武宮《きんぐう》」がある。パワースポットとしても人気なので、時間が許せば巡ってみよう。

埋もれるように建っている。

波上宮の境内からはエメラルドグリーンに輝く海がよく見える。海を行く船からもよく見えるだろう。航海をしていたならば、そこに社殿などなくとも、拝んでしまうような不思議なパワーを崖からは感じる。

境内は沖縄ならではの雰囲気。拝殿はもちろん、手水舎《ちょうずや》も赤い瓦屋根の沖縄カラーで、拝殿前には狛犬《こまいぬ》ではなく、シーサーが鎮座している。お守りや朱印帳などには紅型《びんがた》が用いられており、お土産《みやげ》などにも人気だとか。

狛犬の代わりとなるシーサー。いかにも沖縄らしい。

授与品には伝統的な技法を使った型染め・紅型が用いられている。

ニライカナイの神々に祈る断崖の聖地

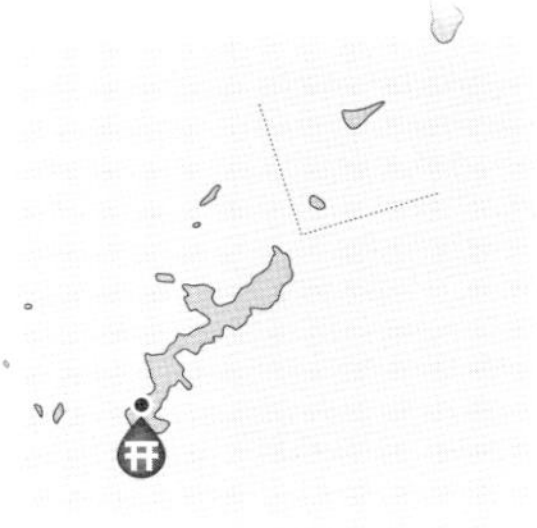

DATA

御祭神　伊弉冉尊《いざなみのみこと》、速玉男《はやたまをの》尊《みこと》、事解男尊《ことさかをのみこと》など

住所　沖縄県那覇市若狭1-25-11

アクセス　ゆいレール「旭橋」駅から徒歩約15分

御利益

- 家内安全
- 商売繁盛
- 厄祓い
- 車祓い
- 安産祈願

8月
和歌山県

熊野那智大社

くまのなちたいしゃ

「一の瀧」とも呼ばれる那智御瀧《なちのおおたき》。133メートルの落差、水量ともに日本一を誇り、日本三大名瀑《めいばく》に数えられる。滝のそばに立てば、真夏でもひんやりと涼しい。滝のしぶきには延命長寿のパワーがあるという。

和歌山県

熊野那智大社

熊野那智大社の社殿によれば、神日本磐余《かむやまといわれ》彦命《ひこのみこと》が熊野の地を訪れたとき、山のなかの輝く光に導かれてたどり着いたのが那智御瀧。その御瀧を大己貴命《おおなむちのみこと》の御神体として祀《まつ》った。その後、神日本磐余彦命を案内したとされるのが天照大神《あまてらすおおみかみ》の使い・八咫烏《やたがらす》。大和（奈良県）橿《かし》原《はら》まで先導した八咫烏は熊野へ戻ったとされ、現在も石に姿を変えて休んでいるという。熊野那智大社の本殿脇の「烏石」がそれだ。

熊野那智大社の創建は317年。「熊野」には「奥まったところ」という意味があり、「神々が住まうところ」にも通ずる。那智御瀧に祀られた大己貴命をはじめとする神々を、山の中腹に遷《うつ》して祀ったのが熊野那智大社の起源だといわれている。

熊野那智大社には別宮として飛瀧神社《ひろうじんじゃ》があるが、那智御瀧はその飛瀧神社の御神体。熊野那智大社が滝口を守

POINT

神仏習合のなごり 青岸渡寺《せいがんとじ》もぜひ参拝を

熊野那智大社の隣に建つ青岸渡寺は、もともと那智大社の観音堂だったが、明治政府による神仏分離令によって区別された。境内は壁で区切られているが、印象としては、熊野那智大社のなかに建っているという風情。青岸渡寺境内の開けたところからも那智御瀧がよく見える。

り、飛瀧神社が滝本を守っている。

那智御瀧の落差は１３３メートル。その落差は日本一を誇り、まるで生きているかのよう。おのずと手を合わせたくなるようなパワーを感じる。滝のしぶきに触れれば、延命長寿の御利益があるというのもうなずける。９９１年に花山《かざん》法皇が熊野御幸《ごこう》を行った際、不老不死の仙薬とされる九穴の鮑《あわび》貝を滝壺に沈めたという逸話もある。古《いにしえ》より人々は、那智御瀧から発せられるパワーに人知を超えた何かを感じ、あがめてきたのだろう。

毎秒約１トンの水が落ちるという那智御瀧。正面で拝める拝所舞台がある。

３本足を持つ八咫烏が姿を変えて休んでいるとされる烏石。

落差133メートル 日本一の大滝を祀る

DATA

御祭神　熊野夫須美大神《くまのふすみのおおかみ》など
住所　和歌山県東牟婁郡那智勝浦町那智山1
アクセス　JR紀勢本線「紀伊勝浦」駅から、熊野交通路線バスで約30分「那智山」停下車、徒歩15分

御利益

- **願望成就**
- **縁結び**
- **延命長寿**

8月
沖縄県

斎場御嶽

せーふぁうたき

琉球王朝時代に数々の国家的祭祀が行われてきた最高の聖地「斎場御嶽」。御嶽内にある神域の一つ、三庫理《さんぐーい》からは、琉球開闢《かいびゃく》の祖神アマミキヨが降臨した神の島・久高島《くだかじま》を望む。

8月
神奈川県

御霊神社

ごりょうじんじゃ

“撮り鉄”にはたまらないスポット、神奈川県の御霊神社。すぐそばを江ノ電が走っており、鳥居とコラボレーションした写真が撮れる。夏空に映える鳥居と、その前を走る江ノ電。じょうずにタイミングを計って撮影を。

沖縄県

斎場御嶽

斎場御嶽《せーふぁうたき》の斎場は「最高」、御嶽とは南西諸島に分布している聖地の象徴。つまり「最高の聖地」を意味する。沖縄本島は琉球開《かい》闢《びゃく》の祖神アマミキヨによって創造されたと伝えられており、斎場御嶽はそのアマミキヨによってつくられた御嶽だといわれている。

斎場御嶽には六つのイビ（神域）があるが、三庫理《さんぐーい》が有名だ。首里城内にも同名の部屋があることから、王宮との関わりの深さがわかる。

巨岩によって三角形の空間がつくられているのだが、二つの岩がバランスをとって建っていることから〝安定の場所〟ともみなされる。その先には、アマミキヨ降臨の地、久高《くだか》島《じま》を望む。岩の先が遥拝所となっている。

琉球王朝最高の聖地
発祥の島を拝む場所

POINT

「神の島」久高島

琉球開闢神話で五穀の種子が最初に漂着した地とされる。琉球七大御嶽の一つである聖地「フボー御嶽」や、アマミキヨが降臨したという岬「カベール岬」（写真）など見所たくさん。

御利益

—

DATA

御祭神　アマミキヨ
住所　沖縄県南城市知念字久手堅地内
アクセス　那覇空港モノレール「旭橋」駅から東陽バスで約１時間「斎場御嶽入口」下車、徒歩約15分

神奈川県

御霊神社

江ノ電の極楽寺駅と長谷駅《はせえき》のちょうど中間辺りに建つ御霊神社。平安時代後期の創建で、武将・鎌倉権五郎景政《かまくらごんごろうかげまさ》（生没年不詳）を祭神とすることから、権五郎神社と親しみを持って呼ぶ人も多い。鎌倉権五郎景政は１０８３年から１０８７年にかけて奥州地方（東北地方）で起こった内乱、後三年の役の際に活躍したとされる人物。全国各地で御霊大明神として祀《まつ》られてもいる。

境内は静か。樹齢３７０年ともいわれるタブノキが存在感を放っている。

御霊神社といえば、アジサイと鳥居前の江ノ電で知られる。鳥居の前を愛らしい江ノ電が走る様子を見ると、鉄道ファンでなくとも、ついついシャッターを切りたくなる。

江ノ電がそばを走る
鎌倉武士ゆかりの神社

POINT

鎌倉七福神巡りの一つ

御霊神社は鎌倉七福神巡りの一つで、祀られているのは長寿の神・福禄寿。9月の祭礼に使われる福禄寿の面（写真）のみが特別にケースに入って飾られている。

御利益

・眼病平癒
・除災招福

DATA

御祭神　鎌倉権五郎景政《かまくらごんごろうかげまさ》
住所　神奈川県鎌倉市坂ノ下4-9
アクセス　江ノ島電鉄「長谷」駅から徒歩5分

9月
静岡県

白濱神社

しらはまじんじゃ

白濱神社の裏側に面する白浜海岸にある遥拝所。大明神岩の上からは白濱神社の祭神・三嶋大明神がつくったとされる伊豆七島が一望できる。美しい日の出が見られるスポットとしても有名だ。

静岡県

白濱神社

正式名称は、伊古奈比咩命神社《いこなひめのみことじんじゃ》。御祭神・三嶋大明神が今から去ること2400年ほど前に、見目《みめ》、若宮《わかみや》、剣《つるぎ》ノ御子《みこ》を伴い、黒潮に乗って北上。白浜の地にたどり着いたことから白濱神社と親しまれる。

境内には国の天然記念物であるアオギリ樹林や樹齢2000年といわれる御神木・ビャクシンをはじめ、古木が鬱蒼《うっそう》と茂っている。本殿に祀《まつ》られる伊古奈比咩命は三嶋大明神の后《ひめ》神。美しく、優しい神だとされ、女性らしい気品が境内一帯から感じられる。

神社の裏手は白浜海岸。白砂や白い崖で知られる海水浴場だ。これらは伊豆が半島になる前の海底火山だった時代、海底に降り積もった火山灰だという。白浜からは海に浮かぶいくつもの火山島が見える。かつての伊豆の人々は火山の噴火を「島焼き」と呼び、神の仕業だととらえてきた。そして徐々に神社をつくって祀るようにな

POINT

神さままでを夫婦にした縁結びの神・見目

三嶋大明神とともにこの地に鎮座した見目神は、三嶋大明神と伊古奈比咩命を結びつけた神。神さまもお世話になったほどの縁結びの神とあって、良縁、夫婦円満などの御利益にあやかろうとお参りする人も多い。縁結びの特別祈願も受けつけているので、われこそはという人は申し込んでみては。写真は見目弁財天を祀る縁結神社。

るのだが、白濱神社もその一つだろう。

神社の裏手に海に突き出すような巨石、大明神岩があり、その上に鳥居がある。この場所も白濱神社の社域で、遥拝所となっている。かつての人々も、多くの恵みを与えてくれるいっぽうで、ときに恐ろしい事態を巻き起こす海にこの場所から祈りを捧げたのだろうか。

大明神岩はご来光の鑑賞スポットとしても有名で、早朝に訪れる人も多いという。夏の白浜海岸はとにかく混み合う。混雑を避け、夏の終わりに訪れてみよう。

「これより御本殿　神域」と書かれた札のある本殿前。静かに参拝しよう。

御神木・ビャクシン。なかには薬師如来が祀られている。

約2400年の歴史を持つ伊豆国最古の神社

DATA

御祭神　伊古奈比咩命《いこなひめのみこと》、三嶋大《みしまだい》明神《みょうじん》、見目《みめ》、若宮《わかみや》、剣ノ御子《つるぎのみこ》

住所　静岡県下田市白浜2740

アクセス　伊豆急行線「伊豆急下田」駅から南伊豆東海バスで約10分「白浜神社」停下車すぐ

御利益

・八方厄除
・縁結び
・海上安全
・商売繁盛
・家内安全

9月
山形県

出羽神社

いではじんじゃ

出羽三山の一つ、出羽神社の境内で杉の古木に囲まれて静かにたたずむ五重塔。3間5層の素木造りが美しい。余計な装飾はいっさい施されていない純和様。神社に塔が建つという神仏習合時代のなごりを感じられる。

9月
長野県

車山神社

くるまやまじんじゃ

標高1925メートル、長野県に横たわる霧ヶ峰の最高峰・車山の頂上に"天空の御柱"と呼ばれる車山神社がある。4本の御柱で囲われた神域を通して見るパノラマビューは雄大そのもの。山の神々がすぐそこにいるようだ。

山形県

出羽神社

出羽三山とは山形県のなかほどに並ぶ月《がっ》山《さん》、羽黒山《はぐろさん》、湯殿山《ゆどのさん》の総称。それぞれに月山神社、出羽神社、湯殿山神社があるが、標高が１５００メートルを超える月山、湯殿山については冬季の参拝ができないため、羽黒山の山頂に三神合祭殿がある。出羽三山は古くから修験道の聖地として信仰されており、三神合祭殿は羽黒修験の根本道場だった。

出羽山の参道入口の随神門《ずいしんもん》前で心を落ちつけてから境内へ。少し歩くと、誰もが息を飲む景色が目に入ってくる。風格を感じる杉林のなかに静かに、おごそかに五重塔が建っているのだ。約６００年前に建てられ東北最古のもの。社殿へは２４４６段あるという石段を上る。その前のご褒美ともいえる景色だ。

聖地を見守って6世紀
東北最古の五重塔

POINT

頂上へは車移動も可能

三神合祭殿（写真）のある山頂までの長い石段を避けたい場合には、車で山頂へ向かうこともできる。いっきに上がってしまうと、五重塔は拝観できなくなるので注意されたい。

御利益

- 商売繁盛
- 五穀豊穣

DATA

御祭神　伊氏波神《いではのかみ》、稲倉魂《うかのみたまの》命《みこと》

住所　山形県鶴岡市羽黒町手向字手向7

アクセス　JR羽越本線「鶴岡」駅から庄内交通バスで約35分「羽黒随神門」停下車すぐ（五重塔）

長野県

車山神社

八ヶ岳中部にある霧ヶ峰の最高峰・車山の頂上に建つのが車山神社。大山祇命《おおやまづみのみこと》に加えて、諏訪大社をはじめとする全国の諏訪神社に祀《まつ》られている建御名方神《たけみなかたのかみ》と八坂刀売神《やさかとめのかみ》を祀る。車山の標高は1925メートル。山頂からは八ヶ岳や日本アルプス、富士山などを360度見渡すことができる。

社殿はといえば、山頂の岩山に祠《ほこら》が建てられており、その周囲4隅に建てられた御柱が結界をつくっている。天を突くようなこの御柱は、他の諏訪神社同様、申《さる》年と寅年に新調される。諏訪大社など多くの御柱は御柱を山から突き落とすが、車山神社の御柱は山へ引き上げる。そのさまは「頂《いただき》に登りつめて、神となる」と表現される。

霧ヶ峰の主峰に建つ天空の御柱

POINT

車山湿原で高山植物を

車山神社からおよそ800メートルのところに広がるのは車山湿原。標高は1800メートル程度で、国の天然記念物になっている。さまざまな高山植物を見ることができる。

御利益

・健康長寿
・家内安全

DATA

御祭神　大山祇命《おおやまづみのみこと》、建御名《たけみな》方神《かたのかみ》、八坂刀売神《やさかとめのかみ》

住所　長野県茅野市北山

アクセス　JR中央本線「茅野」駅からアルピコ交通バス「車山高原」停下車、リフトで車山山頂へ。山頂からすぐ

10月
長野県

戸隠神社

とがくしじんじゃ

戸隠神社の奥社と随神門《ずいじんもん》の間の参道に、約500メートルにわたって、200本あまりのクマスギの巨木が立ち並ぶ。これらは、江戸時代に植えられたもの。参道に入った瞬間、人々はその圧巻の光景に息を飲む。

長野県

戸隠神社

戸隠神社の奥社から随神門の間、約500メートルにわたって、クマスギの巨木が並ぶ参道がある。その数、ざっと200本以上。樹齢400年を迎えてもなお、天に向かって立つ威厳に満ちた姿に、身も心も引き締まる。

立冬と立春の日には、太陽がこの参道に沿ってまっすぐに昇っていく。神秘を感じる特別な瞬間だ。

古《いにしえ》の人々にとっても、同社が鎮座する戸隠山は信仰の対象だった。この山は、天照大御神《あまてらすおおみかみ》が隠れた天の岩屋の岩戸が地に落ちてできたと伝えられ、平安末期には修験道の霊山としても注目されていたという。

やがて山麓に、のちに戸隠神社となる戸隠山顕光寺《けんこうじ》や宿坊、集落ができ、江戸時代には徳川家康の手厚い保護を受けて、件《くだん》の杉並木が植えられた。幕府によって周辺の森や境内の伐採が禁じられたため、樹齢800年を超える三本杉などが、今なおお力をみなぎらせる。

POINT

戸隠のもてなし料理「ぼっち盛り」

戸隠のざるそばは、一口ほどの量ごとに束ねたそばを5～6束盛る「ぼっち盛り」で供される。不ぞろいのそばはきれいに盛れないため、見た目も味もいいそばだけを選んで盛りつける。このことから、神さまへのお供えやもてなしの作法として定着したと考えられている。

霊山・戸隠山を背に建つ、天の岩戸を開いたという天手力雄命《あめのたぢからおのみこと》を祀る奥社。

中社の三本杉は樹齢800年。鳥居を中心に正三角形を形づくって立つ。

その威容は、この山が神に選ばれし場所であることをあらためて感じさせる。それこそ、自然が厳しく農耕さえもままならなかった戸隠山が広く信仰され、修験者が多く集まったゆえんだろう。

戸隠山にやって来た人々には、修行中の食糧としてそばがもたらされた。新そばの時季を迎える10月末、境内では新そばの献納やそば打ちなどが行われる。信仰心の厚かったかつての人々のように、天と地の恵みに感謝して味わいたい。

スギの巨木が200本
霊気満ちる参道並木

DATA

御祭神　天手力雄命《あめのたぢからおのみこと》、九頭龍大神《くずりゅうのおおかみ》、天八意思兼命《あめのやごころおもいかねのみこと》など

住所　長野県長野市戸隠奥社（奥社）

アクセス　JR北陸新幹線・信越本線・篠ノ井線「長野」駅から戸隠キャンプ場行きバスで60分「戸隠奥社入口」停下車、徒歩約40分

御利益

・開運
・心願成就
・スポーツ必勝

10月
三重県

花窟神社

はなのいわやじんじゃ

高さ 45 メートルもある巨岩は、花窟神社の御神体。「御綱掛け神事」でかけられる 7 本の縄は、伊《い》弉《ざ》冊尊《なみのみこと》が生んだ風、海、木、草、火、土、水の 7 柱の自然神を意味する。

10月
奈良県

春日大社

かすがたいしゃ

春日大社境内地にある飛火野《とびひの》は、自然豊かな奈良公園きっての景勝地。古《いにしえ》の歌人もこの風景を愛《め》で、「春日野」という名でたびたび詠んでいる。シカの群れが闊歩《かっぽ》し、のんびりと草をはむ様子も見られる。

三重県

花窟神社

境内の奥へ進むと、突然、視界がさえぎられる。目の前にそびえ立つのは、高さ45メートルの大きな岩。迫りくる自然の威容に、畏怖の念がわき起こる。この岩は、日本最古の神社とされる、花窟神社の御神体。ここに風、海、木、草、火、土、水の神々の母、伊弉冊尊が葬られたとされている。境内に神を祀《まつ》る祠《ほこら》はなく、原始の信仰の風景が残る。間近で御神体に手を合わせれば、ここを祈りの地とした古《いにしえ》の人々の心がわかるだろう。

10月2日と2月2日は、窟《いわや》の頂上から鳥居近くまで170メートルもの大綱を渡す「御綱掛け神事」が『日本書紀』の記述にのっとって行われる。自然崇拝の原点を体験できる貴重な機会だ。

自然崇拝の風景が残る 伊弉冊尊の御葬所

POINT

霊験あらたかな霊石

花窟神社境内にある直径約1メートルの丸い石は、御神体の岩から落ちてきたとされている。水をかけ、手を添えて念じると、体の悪いところが治ったり、加護を得られると伝えられる。

御利益

- 殖産振興
- 安産祈願
- 火災除け

DATA

御祭神　伊弉冊尊《いざなみのみこと》、軻遇突智尊《かぐつちのみこと》

住所　三重県熊野市有馬町130

アクセス　JR紀勢本線「熊野市」駅から三重交通バスで5分「花の窟」停下車すぐ

奈良県

春日大社

和歌にも詠まれた飛火野は、768年に創建された春日大社の境内地。青々とした芝生《しばふ》が美しい広大な野原からは、若草山や高円山《たかまどやま》を一望し、人工物もほとんどない。まるで、万葉の頃の風景が広がっているようだ。

古代、飛火野は、神山・御蓋山《みかさやま》を仰ぐ祭祀の地とされていた。万葉の人々はここで打《だ》毬《きゅう》に興じ、春には若菜を摘んだり花見を楽しみに訪れたという。

今も飛火野は、人々の憩《いこ》いの場。春日大社創建以来、神の使いとして大切にされてきたシカも、のんびりと過ごしている。シカが角で人や他のシカ同士を傷つけないよう、毎年10月には「鹿の角きり」も行われる。神の使いへの信仰心が生んだ、大切な神事だ。

古都・奈良に広がる 万葉の風景

POINT

格式高い旬祭に参列

春日大社では、毎月 1・11・21 日に格式高い旬祭を斎行《さいこう》。毎月 21 日は一般人も参列でき、神道儀式に触れることができる。神職による講話の後は、昼食に神米粥《しんまいがゆ》がいただける。

御利益

- 家内安全
- 商売繁盛
- 身体健全

DATA

御祭神　武甕槌命《たけみかづちのみこと》、経津主《ふつぬしの》命《みこと》、天児屋根命《あめのこやねのみこと》など

住所　奈良県奈良市春日野町160

アクセス　奈良交通バスで「春日大社本殿」停下車すぐ

11月
島根県

稲佐の浜の弁天島
—いなさのはまのべんてんじま

美しい夕景で知られる、稲佐の浜。夕暮れ時になると、豊玉毘古命《とよたまひこのみこと》を祀《まつ》る弁天島はくっきりとしたシルエットを浮かび上がらせる。旧暦10月には、出雲大社の古式ゆかしい神迎《かみむかえ》神事が行われ、浜は静粛な空気に包まれる。

島根県

稲佐の浜の弁天島

砂浜に浮かぶ弁天島の背後に、夕陽が静かに沈んでいく。空は朱色のグラデーションに染まり、浜に寄せる波は金色にきらめく。瞬《またた》きをするのも惜しくなる、美しい夕景だ。

出雲地方の海岸、南北約10キロメートルに延びる「稲佐の浜」は、夕陽の絶景地。出雲の人々は夕陽を神聖なものととらえ、古代、大和の人々も北西にある出雲を日が沈む聖地と考えていたという。

聖地らしく、出雲にはこんな神話が残されている。その昔、大国主大神《おおくにぬしのおおかみ》はこの浜の近くで、天照大御神《あまてらすおおみかみ》の使いと、みずからの国土、出雲を天に譲る話し合いを行った。その結果、目に見える世界は天照大御神が、目に見えない人と人との縁などは、大国主大神がつかさどるという約束を交わした。また、大国主大神は国土を天に還《かえ》す代わりに、立派な住まいをつくってもらう、とした。

POINT

「ぜんざい」のルーツ?! 出雲の「神在餅」

「ぜんざい」の起源は、出雲地方の「神在《じんざい》餅《もち》」という説がある。かつて出雲の人々は、旧暦 10 月に餅をついて神さまにお供えし、そのお餅を小豆《あずき》で煮て汁にして食べたり、皆に振る舞ったという。「神在餅」と呼ばれたこの祝い餅は、やがて「ぜんざい餅」となって、出雲信仰とともに全国へ広まっていったとされている。

それが、出雲大社の起源とされている。その後、全国の八百万神《やおよろずのかみ》は、旧暦の10月10日から17日まで大国主大神の下に集まり、縁結びなどの相談事をするという信仰が生まれた。全国で「神無月《かんなづき》」と呼ぶ旧暦10月を、出雲地方では「神在月《かみありづき》」と呼ぶゆえんだ。

旧暦10月10日の夜、稲佐の浜では八百万神を迎えるための神事が出雲大社の神職によっておごそかに執り行われる。清められ、全国の神々が一斉に訪れる稲佐の浜。神在月には、いつにも増して輝いて見えそうだ。

稲佐の浜で旧暦10月（現在の11月頃）に行われる「神迎神事」。

稲佐の浜から徒歩15分くらいに出雲大社があるので、ぜひ合わせて訪れたい。

八百万神を迎える出雲の聖地

DATA

御祭神　豊玉毘古命《とよたまひこのみこと》

住所　島根県出雲市大社町杵築北稲佐

アクセス　一畑電車大社線「出雲大社前」駅から徒歩約15分

御利益

※弁天島に祀《まつ》られている豊玉毘古命は海の神・大綿《おおわた》津見神《つみのかみ》の別名

- **航海の安全**
- **豊漁**

11月
鹿児島県

霧島神宮

きりしまじんぐう

紅葉の名所として知られる神社のなかでも、霧島神宮はその代表格といえる。境内の約1000本のカエデやモミジが見頃を迎えるのは例年11月下旬から。サクラやミヤマキリシマツツジなどの花の名所としても有名。

鹿児島県

霧島神宮

高さ23メートルの大鳥居をくぐり、二の鳥居前の階段のふもとで目線を上げると、まっ赤に色づく紅葉が目に入る。こんもりとした常緑樹の森と紅葉のコントラストは、目が覚めるほど鮮やか。本殿に続く三の鳥居の階段下から見る、モミジの巨木と朱塗りの鳥居の共演も美しく、心が洗われる。

霧島を代表する紅葉の名所、霧島神宮。境内には約1000本のカエデやモミジが自生している。標高が高い場所にあるため紅葉の始まりは早く、例年11月初旬から色づき始め、中旬から下旬が見頃になっている。

紅葉狩りでにぎわう時期も、うっそうとした鎮守の森に覆われた境内には清浄な空気が漂う。それもそのはず、霧島神宮の背後にそびえる高千穂峰は、天照大御神《あまてらすおおみかみ》の孫にあたる神さま・瓊瓊杵尊《ににぎのみこと》が降り立った場所。その天孫を祀《まつ》るために峰のふもとに社を建てたのが、霧島神宮

POINT

天孫が降臨時に立てた山頂の逆鉾!?

霧島神宮の背後にそびえる高千穂峰の頂上には、霧島東神社の社宝「天逆鉾《あまのさかほこ》」がある。いつからあるかは不明だが、江戸時代の文献にはその存在が記されている。伝承では、瓊瓊杵尊が降臨の際に使った鉾を、この場所に逆さに立てたものといわれている。幕末には、坂本龍馬が新婚旅行で高千穂峰を訪れ、見物した。

の起源とされている。その後、社殿はたび重なる噴火で焼けては建て直され、をくり返し、現在の地に移ったのは約500年前という。

かつて社殿のあった場所は、境内から車で15分ほど走った高千穂河原にある。現在、古宮址《こぐうし》として神社の重要な祭祀が行われるこの地も、11月になるとさまざまな樹木がカラフルな秋の色に染まり始める。幾度となく噴火に見舞われてもなお、自力で回復する自然の生命力が感じられるスポットだ。

霧島神宮の古宮址は、天孫降臨の地を望むパワースポットとしても知られている。

社殿は薩摩藩第21代藩主島津吉貴《しまづよしたか》公の寄進によって建立された。

天孫降臨説の地を彩る鹿児島屈指の紅葉名所

DATA

御祭神　天饒石《あめにぎし》国饒石《くににぎし》天津《あまつ》日高《ひたか》彦火瓊瓊杵尊《ひこほのににぎのみこと》、木花咲耶姫尊《このはなさくやひめのみこと》、彦火火出見尊《ひこほほでみのみこと》など

住所　鹿児島県霧島市霧島田口2608-5

アクセス　JR日豊本線「霧島神宮」駅からバスで10分、「霧島神宮」停下車すぐ

御利益

・家内安全
・商売繁盛
・交通安全

11月
千葉県

葛飾八幡宮

かつしかはちまんぐう

葛飾八幡宮の御神木、千本公孫樹《せんぼんいちょう》。黄葉は、例年 11 月下旬に見頃を迎える。夜はライトアップイベントが催され、色づいた葉は一層際立つ。この樹には白蛇が棲《す》み、その姿を見ると幸せになれるという言い伝えがある。

11月
群馬県

妙義神社

みょうぎじんじゃ

日本三大奇勝のひとつ、妙義山のふもとにある妙義神社は、紅葉の名所。老杉がうっそうとする神域も、秋の深まりとともに紅葉に彩られる。江戸時代に建てられた壮麗な建物、関東平野を借景にした御殿の庭など見どころは多い。

千葉県

葛飾八幡宮

黄葉を茂らせるその大樹の高さは、そばの社殿の倍はあろうか。まさに「そびえる」という表現がふさわしい。葛飾八幡宮の御神木、大イチョウだ。推定樹齢1200年。同社が創建された寛平年間と同じ頃に、この地に根を張り始めたことになる。

大イチョウは、落雷によって一度、地上6メートルで折れたが、太い幹の周りに大小の幹が寄り集まって命をつないだ。その様子が1本の巨木のように見えることから「千本公孫樹」と名づけられた。乳の出ない女性がこの樹のコブを削り、煎じて飲むと乳の出がよくなったと伝えられ、育児守護の功徳もある。いまだ勢いの衰えない樹の姿は、その効験《こうけん》が健在であることを物語るようだ。

霊験あらたかな御神木
黄葉時期は迫力満点

POINT

たたりのある聖なる森

葛飾八幡宮付近の「不知八幡森《しらずやわたのもり》」は、「一度入ると出られない」「たたりがある」といわれる禁足地。徳川光圀《とくがわみつくに》公が入ると白髪の老人が現れ、「戒めを破ってはならぬ」と告げたという。

御利益

・厄除開運
・安産
・育児守護

DATA

御祭神　誉田別命《ほむだわけのみこと》、息長帯《おきながたらし》姫命《ひめのみこと》、玉依姫命《たまよりひめのみこと》
住所　千葉県市川市八幡4-2-1
アクセス　JR総武線「本八幡駅」から徒歩約10分

群馬県

妙義神社

創建1500年余りの妙義神社は11月上旬、紅葉に静かに染められる。老杉と紅葉の対比も美しいが、江戸初期から中期の壮麗な建物との共演は格別。朱塗りの総門は、赤や黄に色づく紅葉に映え、龍や鶴、竹林の七賢人などのきらびやかな彫刻を施した拝殿は、そばに茂る大モミジによって一層、華やぐ。

この神社は、奇岩と怪石で名高く、山岳信仰の場でもあった妙義山麓に鎮座する。霊山の力のおかげだろうか、旧本殿「波己曾社《はこそしゃ》」そば、樹齢500年の三本杉が囲む三角地帯は、注目のパワースポット。ここに身を置き、手水舎《ちょうずや》の清らかな水の音、鳥のさえずりにパワーをもらえば、本殿へ続く165段の石段を楽に上りきれそうだ。

妙義山と壮麗な社殿を紅葉の錦が赤く染める

POINT

妙義山パノラマパーク

妙義山を大パノラマで望む人気のスポット。険しい岩肌と紅葉・黄葉のコントラストが美しい妙義山を背景に、一面に咲き乱れるコスモス畑の風景がフォトジェニックだ。

御利益

- 開運
- 商売繁盛
- 縁結び

DATA

御祭神　日本武尊《やまとたけるのみこと》、豊受大《とようけのおお》神《かみ》、菅原道真公《すがわらみちざねこう》、権大納言《ごんのだいなごん》長親卿《ながちかきょう》

住所　群馬県富岡市妙義町妙義6

アクセス　JR信越本線「松井田」駅からタクシーで10分

12月
三重県

伊勢神宮

いせじんぐう

伊勢神宮の内宮《ないくう》宇治橋のたもとに建つ大鳥居の中央を、朝日が昇っていく。毎年、冬至を挟む前後１カ月間だけ見られる神秘の光景だ。冬至の日と元日には、神々しい日の出を拝もうと多くの参拝客が訪れる。

橋面は滑りやすくなっています
ご注意下さい

三重県

伊勢神宮

伊勢神宮の冬至の早朝は神秘的だ。内宮の宇治橋前に立つと、橋のたもとの大鳥居の真んなかから太陽が昇る。まだかき乱されていない境内の空気が朝日にきらめき、心が洗われるようなおごそかな雰囲気に包まれる。

御祭神の天照大御神《あまてらすおおみかみ》も伊勢にやって来たとき、「遠く神の国から、波が寄せては返す美しい国」とたいそう気に入り、この地にとどまることを決めた。その後、天照大御神のために五十鈴川《いすずがわ》上流に社を建てたのが、伊勢神宮の起源とされている。それから2000年あまり。伊勢神宮は、川柳や都々逸《どどいつ》で「伊勢へ七度《ななたび》」と詠まれるように日本人の心のよりどころになり、大鳥居の中央に現れる朝日は、人々の信仰心に火を灯《とも》している。

太陽と鳥居の位置関係から、鳥居の中央に太陽が見られるのは、冬至を挟む前後1カ月、11月下旬から1月下旬までの間だけ。この光景の鍵となる宇治橋の原型が架

POINT

内宮近くの門前町
おはらい町ぶらり歩き

江戸時代に大流行した伊勢神宮参詣「おかげまいり」の賑《にぎ》わいを再現したのが「おはらい町」。内宮の宇治橋前から五十鈴川に沿って続くおはらい町は、内宮の鳥居前町として発達。江戸～明治時代風の建物が軒を連ね、伊勢名物の「赤福餅」や「伊勢うどん」などのグルメを堪能しながらお土産を探すことができる。

けられたのは1434年だが、このとき、太陽と鳥居の位置関係を計算したのか、それとも偶然なのか——。

伊勢神宮の謎はまだある。古来、伊勢神宮参拝の前に禊《みそぎ》をした二見浦《ふたみがうら》では、冬至の日、夫婦岩の中央から月が現れるというものだ。さらに、夏至の日にはこの中央から太陽が昇り、伊勢神宮の大鳥居の真んなかには月が現れる。なんとも不思議で美しい現象だが、それは、人々の太陽と月への信仰心に対する神の粋なはからいかもしれない。

日常と神聖な世界の架け橋、宇治橋。遷宮に合わせて架け替えられる。

夏至の日は二見浦の夫婦岩の中央から朝日が昇る。伊勢神宮からは車で約20分。

鳥居と朝日が演出する伊勢神宮の神秘の光景

DATA

御祭神　天照大御神《あまてらすおおみかみ》（内宮）、豊受大御神《とようけのおおみかみ》（外宮）

住所　**内宮**：三重県伊勢市宇治館町1

外宮：三重県伊勢市豊川町279

アクセス　**内宮**：近鉄大阪線「宇治山田」駅からバス・タクシーで10分

外宮：近鉄大阪線「伊勢市」駅から徒歩約5分

※お参りは外宮から行う

御利益

・家内安全

・事業繁栄

12月
京都府

野宮神社

ののみやじんじゃ

野宮神社と大河内山荘《おおこうちさんそう》庭園をつなぐ「竹林の小径《こみち》」。「嵐山花灯路《あらしやまはなとうろ》」の期間中は、露地行灯《あんどん》が灯り、竹林はライトアップされる。柔らかな灯りと自然が醸《かも》す情緒豊かな陰影は、散策する人々を幽玄の世界へ誘う。

12月
埼玉県

秩父神社

ちちぶじんじゃ

毎年、師走に行われる秩父夜祭《ちちぶよまつり》は、秩父神社の大祭。軽快な屋台囃子《やたいばやし》のリズムに乗って、ぼんぼりを灯した豪華絢爛な笠鉾《かさぼこ》や屋台などの山車《だし》が、町中を曳《ひ》き回される。夜は花火が打ち上げられ、祭を盛り上げる。

京都府

野宮神社

まっすぐに伸びる竹の林をライトが照らし、足元を露地行灯の優しい光が灯す。12月に行われる「嵐山花灯路」の期間中、野宮神社と大河内山荘庭園を結ぶ約400メートルの「竹林の小径」は華やかな光と陰影に包まれ、古都の風情を楽しませてくれる。

華麗なイルミネーションのなかにも、凛《りん》とした空気を感じるのは平安時代、この一帯が清らかな場所とされていたからだろう。野宮神社はそのなかでも聖地とされ、伊勢神宮にお仕えする斎王に選ばれた皇女は、出立前にここで身を清めたという。そんな歴史を知れば、竹林の先に見える灯りも神々しく見える。嵐山花灯路の間だけ得られる、神聖な体験だ。

嵯峨野の竹林を彩る華やかな光と陰影

POINT

願いをかなえる神石（亀石）

野宮神社の野宮大黒天をお参りした後、神石（亀石）をなでながら願い事を念じると、1年以内に願い事がかなうと信じられている。なでるとき、頭を石につけると御利益がアップするのだそう。

御利益

- 良縁成就
- 鎮火勝運
- 芸能上達
- 子宝安産
- 学業成就

DATA

御祭神　天照皇大神《あまてらすおおみかみ》など
住所　京都府京都市右京区嵯峨野宮町1
アクセス　JR嵯峨野線「嵯峨嵐山」駅から徒歩約10分

埼玉県

秩父神社

屋台囃子とかけ声に合わせて、ぼんぼりを灯した6基の山車が巡行し、夜空には冬花火が打ち上がる。クライマックスは、午後9時頃。最大20トンの山車が団子坂の急勾配を曳《ひ》き上げられるさまは迫力満点だ。

毎年12月3日に行われる、秩父神社の例大祭・秩父夜祭。約３５０年前、秩父神社に立った絹織物の市「絹大市」の発展とともに、盛大に行われるようになった。

秩父夜祭の前夜にあたる12月2日、表参道に鎮座する諏訪神社の前で「お諏訪渡《すわわた》り」と呼ばれる神事が執り行われている。諏訪神社は秩父神社の地主神ともされているからだ。諸行事が無事に斎行《さいこう》できるよう、祭関係者が見守るなか、千古変わらぬ祈りが捧げられる。

華やかな山車と花火が秩父の夜を彩る

POINT

屋台での舞も見どころ

4基の屋台に設けられた舞台で女性が舞う「曳き踊り」も、秩父夜祭の見どころ。秩父では素人歌舞伎が伝統芸能として受け継がれており、秩父では屋外でも歌舞伎が演じられている。

御利益

- 方位除
- 厄除
- 家内安全

DATA

御祭神　八意思兼命《やごころおもいかねのみこと》、知知《ちち》夫彦命《ぶひこのみこと》、天之御中主神《あめのみなかぬしのかみ》、秩《ちち》父宮雍仁親王《ぶのみややすひとしんのう》

住所　埼玉県秩父市番場町1-3

アクセス　秩父鉄道「秩父」駅から徒歩約3分

1月
茨城県

大洗磯前神社

——おおあらいいそさきじんじゃ

神々が降り立ったといわれる大洗岬の岩礁に建ち、太平洋の荒波を受ける「神磯《かみいそ》の鳥《とり》居《い》」。元日の朝には海からのご来光を拝みに多くの人々が訪れ、海岸では大洗磯前神社の神職により初日の出奉拝式が執り行われる。

茨城県

大洗磯前神社

その昔、大洗磯前神社の御祭神が国の民を救うべく降臨したと伝わる、大洗岬。その岩礁の波間に、同社の「神磯の鳥居」が静かにたたずむ。その表情は、時刻や天候によってさまざまに変わる。昼間は砕け散る白波を浴びて輝き、月夜にはその姿を白く浮かび上がらせる。

かの水戸黄門さまこと徳川光圀《とくがわみつくに》公も、その荘厳な光景に感銘し、

あらいその岩にくだけて散る月を
　　一つになしてかへる浪かな

と、歌を詠んで讃えた。

格別なのは元日の朝。神磯の鳥居越しに太陽が昇り、辺りを金色に染めてゆくと、ご来光を拝みに訪れた人々の心も明るく照らしていく。新しい年を迎えるのに、これほどふさわしい風景はないだろう。聖地は、今も昔も人々の心を惹《ひ》きつけ、喜びで満たす。

POINT

酒列磯前神社《さかつらいそさきじんじゃ》の樹叢《じゅそう》

樹叢とは自生した樹木が密生している林地のこと。大洗磯前神社と対を成す酒列磯前神社の参道は、樹齢300年以上のヤブツバキをはじめ、タブノキ、スダジイ、ヒサカキなどの常緑広葉樹が茂り、まるで木のトンネルのような樹叢となっている。境内には宝くじ運の御利益があるという亀石像もある。

大洗磯前神社の拝殿は神機の鳥居から徒歩5分ほどの場所にある。『文徳実録《もんとくじつろく》』によると856年、文徳天皇の御代に御祭神の大己貴命《おおなむちのみこと》と少彦名命《すくなびこなのみこと》が大洗磯前に降臨された。里の人に神がかりして、「昔この国をつくり終えて東の海に去ったが、今人々を救うために帰ってきた」とのたまったという。この由来から茨城県東茨城郡には大洗磯前神社が祀《まつ》られ、茨城県ひたちなか市には酒《さか》列磯前神社《つらいそさきじんじゃ》が祀られた。よってこの二社で一つの信仰形態をもっている。

大洗磯前神社の二の鳥居。階段を上った先に社殿がある。

江戸初期の建築様式を今に伝える、大洗磯前神社の拝殿。県指定の文化財。

太平洋の潮風に包まれて岩礁にたたずむ鳥居

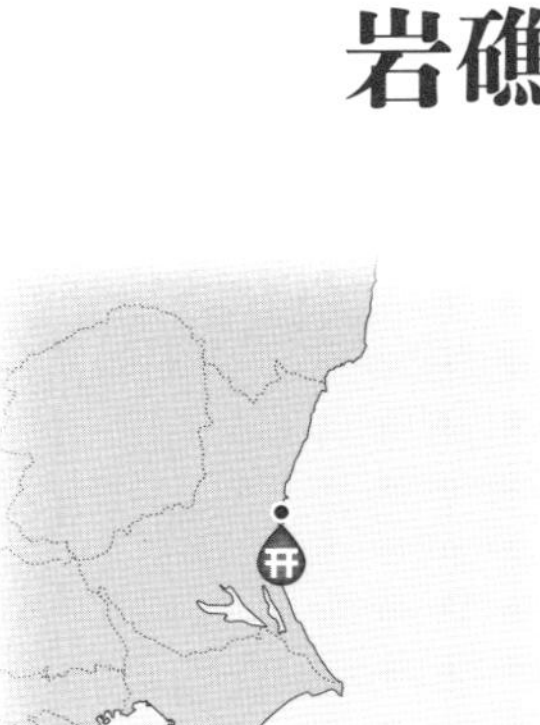

DATA

御祭神　大己貴命《おおなむちのみこと》、少彦名命《すくなびこなのみこと》
住所　茨城県東茨城郡大洗町磯浜町6890
アクセス　鹿島臨海鉄道大洗鹿島線「大洗」駅からバスで15分、「大洗磯前神社下」停下車すぐ

御利益

・家内安全
・開運招福
・厄除け

1月
神奈川県

箱根神社

はこねじんじゃ

芦ノ湖《あしのこ》南岸からの眺め。湖上に浮かぶように建てられているのは、箱根神社の「平和の鳥居」。すっきりと晴れた日は富士山の雄大な姿が見られ、“逆さ富士”も拝める。鳥居がライトアップされる夕方の風景も幻想的。

1月
山口県

元乃隅神社

もとのすみじんじゃ

123基もの真っ赤な鳥居が、海岸から約100メートルにわたって建ち並ぶ。透明度の高い長門の海の青と、鳥居の赤のコントラストは感嘆を誘う。この“鳥居のトンネル”は近年、パワースポットとして人気が高い。

神奈川県

箱根神社

青い空に、雪をいただいた霊峰・富士山。そのふもとでは青い水を湛《たた》える芦ノ湖が逆さ富士を映し出し、箱根神社の「平和の鳥居」がひときわ存在感を放つ。青のグラデーションが冴《さ》えわたる、箱根の冬の風物詩だ。

かつて芦ノ湖には毒龍が棲《す》み人々を苦しめていたが、箱根大神の霊力を授かった万巻《まんがん》上人が調伏《ちょうぶく》し九頭龍《くずりゅう》大神として神社にお祀《まつ》りした。そんな伝説を知ると、その青さが一層、神秘的に見える。

日が暮れると湖畔は闇に包まれるが、毎年1月1日午前0時には、新年を奉祝し、箱根神社の一番太鼓とともに約1000発の花火が打ち上げられる。新年の幕開けを華やかに彩る花火は、見る者の心も明るく照らす。

冠雪の富士山と芦ノ湖
鳥居が描く神秘の風景

POINT

「平和」の扁額《へんがく》と東京五輪

鳥居が建立されたのは、1952年のこと。上皇陛下の立太子礼と日本の独立を記念して、芦ノ湖の湖上に鳥居が建てられた。吉田茂元首相の揮毫《きごう》による「平和」の扁額は1964年に箱根神社御鎮座1200年と東京五輪開催を記念して掲げられた。

御利益

- 開運厄除
- 心願成就
- 交通安全

DATA

御祭神　箱根大神《はこねのおおかみ》
住所　神奈川県足柄下郡箱根町元箱根80-1
アクセス　箱根新道芦ノ湖大観ICから車で10分

山口県

元乃隅神社

高台から海岸へ続く参道に、123基の赤い鳥居がびっしりと並ぶ。その向こうに広がるのは、紺碧《こんぺき》の日本海。荘厳な自然とおびただしい数の赤い鳥居が生み出す光景は、圧巻の一言だ。

元乃隅神社は1955年、白狐のお告げにより、この地に建てられたが、もともとこの場所は神のおわす所として知られていた。表参道入り口の鳥居そばの岩場は洞窟になっており、北からの風と波が高い日には洞内に打ち寄せた海水が、ときには30メートルほどの高さまで噴き上がる。その様子が、まるで天に昇る龍のように見えるのだ。古くは、龍神の成せるわざとしてあがめられたという。思わず手を合わせたくなる、神秘的な現象だ。

自然のなかに映える
123基の赤い鳥居

POINT

日本一高い賽銭箱《さいせん》

賽銭は、高さ6メートルの大鳥居の上部にある賽銭箱に投げ入れるのが、この神社の慣わし。何度挑戦してもよく、見事賽銭が入ると願い事がかなうといわれている。

御利益

- 商売繁盛
- 大漁
- 良縁成就
- 子宝祈願

DATA

御祭神　宇迦之御魂神《うかのみたまのかみ》
住所　山口県長門市油谷津黄498
アクセス　JR美祢線「長門市」駅から車で30分

2月
福岡県

英彦山神宮

ひこさんじんぐう

高さ30メートルの断崖で凍りつく、四王寺滝。無数の氷柱が覆うダイナミックな景観は、寒風吹きすさぶ、英彦山の標高980メートルあたりで見られる。冬は辺り一面が雪で覆われ、滝までの道のりは険しい。

福岡県

英彦山神宮

氷瀑《ひょうばく》。冬の四王寺滝には、この表現がふさわしい。凍てつく寒さが、30メートルの高さから勢いよく流れ落ちる清水を凍りつかせ、おびただしい数の氷柱に変えてしまう。その姿は、まるで時が止まったかのよう。自然が生み出した幻想的な造形は、見る者に寒さも時間も忘れさせる。銀世界が広がる、英彦山の冬の光景だ。

古来、神の山としてあがめられてきた英彦山。太陽神・天照大御神《あまてらすおおみかみ》の子、天之忍穂耳命《あめのおしほみみのみこと》を祀《まつ》っていたことから「日子山《ひこさん》」と呼ばれていた時期もある。数々の伝説や神話が生まれた山でもあり、ここに鎮座する英彦山神宮にも不思議な逸話が残っている。

ある猟師が白鹿を射た。すると三羽の鷹が舞い降りてヒノキの葉に浸した水を白鹿に与えてよみがえらせた。猟師は白鹿が神の化身と悟り、英彦山で修行していた僧・善正《ぜんしょう》の弟子になって531年、社を建てた。それ

POINT

奇岩・巨岩で知られる神秘の景勝地

英彦山の西南、障子ヶ岳《しょうじがたけ》の懐にある深倉峡《ふかくらきょう》は、神秘的な景勝地。「男魂岩《おとこいわ》」と名付けられた高さ13メートルの奇岩と、峡谷の対岸にある「女岩」は大注連縄《おおしめなわ》で結ばれ、霊気漂う巨岩の下の窟《いわや》「姥ヶ懐《うばがふところ》」には慈母観音が祀られている。いたる所で見られる祈りの風景は、この一帯が聖地であったことを今に伝えている。

がこの神宮の起源とされている。以降、この山は修験道の一大道場となり、羽黒山、大峰山と並ぶ、日本三大修験山のひとつに数えられるようになった。その頃、四王寺滝は、滝行の場になっていたという。

　明治時代の神仏分離によって修行者たちは山を去り、四王寺滝は滝行の場としての役割を終えたが、今はそのダイナミックな姿で人々の心を揺さぶる。氷瀑を見上げれば、神の山・英彦山がはらむエネルギーは、いまだ健在であることを実感させられる。

御本社は英彦山中岳山頂にある。冬は山が霧氷に覆われる日も。

英彦山が修験道で栄えた頃、奉幣殿《ほうへいでん》は中心的建物だった。

霊山で凍りつく
落差30メートルの大滝

DATA

御祭神　正勝吾勝勝速日天之忍穂耳命《まさかつあかつかちはやひあめのおしほみみのみこと》など

住所　福岡県田川郡添田町大字英彦山1

アクセス　JR日田彦山線「添田」駅から添田町バスで30分「銅の鳥居」停下車すぐ

御利益

- 勝運
- 農業生産
- 鉱山・工場の安全

2月
和歌山県

神倉神社
かみくらじんじゃ

松明《たいまつ》を持った約2000人の男衆が、神倉山の山頂から急勾配の石段を駆け下りる。標高差100メートルを炎が流れ落ちるような光景は圧巻だ。「お燈祭《とうまつり》」は、熊野地方の春を告げる伝統の火祭りで、1400年以上前から続く。

2月
福岡県

宮地嶽神社

みやじだけじんじゃ

2月と10月の年2回、宮地嶽神社参道と海道を夕陽の光が一直線に結ぶ、「光の道」が現れる。期間中、参道は15時から立ち入り禁止になり、参道階段に設けられた観覧席から奇跡の瞬間を拝むことができる。

和歌山県

神倉神社

白装束をまとい、腰に荒縄を巻いた「上《のぼ》り子《こ》」と呼ばれる約２０００人の男衆が、御神《ごじん》火《か》を移した松明を手に５３８段の急峻《きゅうしゅん》な石段を一気に駆け下りる。そのさまは、「火の滝」「下り龍」と謳《うた》われるとおり勇壮だ。

「お燈祭」は１４００年以上も前から、熊野速玉《はやたま》大社の摂社・神倉神社で行われてきた旧暦の正月の神事。その昔、上り子は、下山すると松明の神聖な火を家に灯して無病息災を祈ったという。現在は、毎年２月６日に行われる。神の火をいただくことから、上り子は今も１週間前から食べるのも着るのも白いものだけ、女性には触れないなど、原始的なしきたりを守る。それはこの祭が、熊野の人々にとって神聖なものであることを物語る。

2000の炎が
急峻な石段を流れ落ちる

POINT

迫力ある巨岩の御神体

神倉神社の御神体の巨岩「ゴトビキ岩」は、熊野大神が熊野三山として祀られる前、最初に降臨した天磐盾《あまのいわたて》という断崖上にある。ここから見る市街地と熊野灘の壮大な眺めも絶景だ。

御利益

・無病息災
・心願成就

DATA

御祭神 高倉下命《たかくらじのみこと》など
住所 和歌山県新宮市神倉1-13-8
アクセス JR紀伊本線「新宮」駅より徒歩約15分

福岡県

宮地嶽神社

玄界灘に浮かぶ相島《あいのしま》に日が沈む頃、海面が夕陽に照らされ、光の筋が現れる。そこからまっすぐに伸びる宮地嶽神社の参道も光にあふれ、相島と神社は「光の道」で一直線に結ばれる。2月と10月のわずかな期間、同社境内から見られる光景だ。

宮地嶽神社の創建は古く、約1700年前、航海の安全を祈るために、宮地嶽山頂に祠《ほこら》を建てたのが起源。この地は北部九州王朝の聖地としても栄え、境内からは6世紀末に建立された王のものとされる巨大古墳も出土している。ときを経た今、この地は、日没の前後10分だけ見られる奇跡の瞬間を目撃できる聖地に。夕陽は、参道や海とともに人々の心も照らし、希望を与えている。

島と参道を光が結ぶ 20分だけの奇跡

POINT

奥之宮巡りで大願成就

宮地嶽神社には、「奥之宮八社」と呼ばれる社がある。それぞれの社に、厄除けや恋愛成就などの御利益があり、昔から「一社一社を参れば大願がかなう」と信仰されている。

御利益

- 開運
- 商売繁盛

DATA

御祭神　息長足比売命《おきながたらしひめのみこと》、勝《かつ》村大神《むらのおおかみ》、勝頼大神《かつよりのおおかみ》

住所　福岡県福津市宮司元町7-1

アクセス　JR鹿児島本線「福間」駅からタクシーで5分

3月
静岡県

素盞嗚神社

すさのおじんじゃ

桃の節句の季節、素盞嗚神社の石段には数百体の雛《ひな》人形が飾られる。その両脇で雛人形を彩るのは、江戸時代から伊豆稲取《いずいなとり》に伝わる「つるし飾り」。約40種類あるといわれる飾りは、それぞれ意味を持つ。

静岡県

素盞嗚神社

なんと華やかで圧巻の眺めだろう。素盞嗚神社の一の鳥居から二の鳥居まで続く１１８段の石段に赤い毛氈《もうせん》が敷かれ、雛人形が飾られているのだ。その数、５５４体。両脇には、「つるし飾り」と呼ばれる江戸時代から伊豆稲取に伝わる飾り物がつるされている。この地では、女の子が生まれて初節句を迎えるのにあわせて、母親や祖母、親戚、近所の人たちが飾り物をつくり、雛人形の両脇につるして赤ちゃんの幸せを願ったという。邪気を退治して長寿を願う「桃」、健《すこ》やかな成長を願う「這《は》い子《こ》」、災厄が去ることを願う「サル」など、約40種類の飾り物はそれぞれ意味を持ち、左右一対で計１１０個がつるされる。大作だ。

その古きよき風習が廃《すた》れつつあったことを憂い、地元の婦人会が「雛のつるし飾り」を復活させると、町をあげての一大祭に発展した。1月下旬から3月下旬にかけ

POINT

春の訪れを告げる早咲きの河津桜《かわつざくら》

隣町の河津町は、２月から３月にかけて咲く早咲きの桜「河津桜」の名所。河津川沿いには、約４キロメートルにわたって桜並木が続き、満開時期には菜の花がピンクの桜に彩りを添える。毎年２月上旬からは約１カ月にわたって「河津桜まつり」が開始される。期間中は多くの人々が訪れ、一足早い花見を楽しむ。

ては関連イベントが開催され、町中の会場では華やかな雛のつるし飾りを見ることができる。

１６１７年に創建されて以来、この土地を護ってきた素盞嗚神社も、長い石段を雛段に見立てて、寄付された雛人形とつるし飾りを壮大に飾るようになった。屋外のため、地元の人たちは毎日、飾っては片付けなければならないが「多くの人に楽しんでほしい」と労苦を惜しまない。そんな人々の思いを知れば、母娘の絆《きずな》を表す雛人形やつるし飾りも、一層心温まる風習に思えてくる。

伝統的な雛のつるし飾り。近所の人たちも一針一針飾り物を縫って初節句を祝った。

石段を利用した雛壇飾りは圧巻のダイナミックさ。鳥居のすぐ下は伊豆急行線が走る。

118段の石段を彩る伊豆稲取のつるし飾り

DATA

御祭神　素盞嗚命《すさのおのみこと》

住所　静岡県賀茂郡東伊豆町稲取15

アクセス　伊豆急行線「伊豆稲取」駅から徒歩約15分

御利益

・**疫病除け**

3月
香川県

高屋神社

たかやじんじゃ

高屋神社本宮からの眺め。標高 404 メートルの断崖に建ち、“天空の鳥居”と呼ばれる鳥居の向こうには、観音寺市街地から燧灘《ひうちなだ》までを臨む、胸のすくような絶景が広がる。晴れた日は愛媛県の石鎚山《いしづちさん》も見られる。

3月
京都府

城南宮

じょうなんぐう

早春、城南宮の神苑《しんえん》「楽水苑《らくすいえん》」では、白梅や紅梅約150本のシダレウメが咲き誇る。満開時期はもちろん、咲き始めの色の濃い、生き生きとしたウメの花も美しい。散り始めの数日間、花びらが地面を覆う光景も趣きがある。

高屋神社

目の前に広がるのは、観音寺市街地から有明浜、瀬戸内の燧灘までを一望する絶景。さえぎるものは何もなく、まさに天空から見下ろしているかのようだ。標高４０４メートルの稲積山《いなずみやま》の山頂。平安時代に編纂《へんさん》された『延喜式』にも名が載る古社、高屋神社本宮の鳥居越しに見る光景だ。

　神社手前にある２７０段の急な石段もふるっている。下から見上げると、青い空を背景に鳥居がそびえ、天へ上るような気持ちになる。途中には指で押すと動くが石段から落ちることのない「ゆるぎ岩」が鎮座。稲積山が古くから信仰の山であることの証《あかし》のようだ。気候のいい３月はお遍路に格好の季節。霊場とともに訪ねれば、身も心も清められそう。

瀬戸内海までを一望する天空の鳥居

POINT

瀬戸内のウユニ塩湖

観音寺市に隣接する三豊市の父母ヶ浜《ちちぶがはま》は、「南米ボリビアのウユニ塩湖のよう」と注目されている。風のない干潮時は、砂浜の潮だまりが空を鏡のように映し出す。夕暮れ時も息をのむような美しさ。

御利益

- 家内安全
- 商売繁盛
- 厄除開運

DATA

御祭神　邇々杵命《ににぎのみこと》、木花開《このはなさく》耶姫《やひめ》、保食命《うけもちのみこと》

住所　香川県観音寺市高屋町2800（本宮）

アクセス　JR予讃線「観音寺」駅からタクシーで13分（下宮）

※下宮から本宮までは徒歩約50分

京都府

城南宮

空からウメが降り注ぐ――。そう表現したくなるような光景だ。2月下旬から3月中旬、城南宮の神苑「楽水苑」では紅白のシダレウメが咲き誇る。その数、約150本。満開時期は豪華絢爛《ごうかけんらん》だ。

城南宮は、平安京遷都の際、都を護《まも》るために創建された。社殿の周辺には、『源氏物語』から着想を得た城南離宮があったことから、1961年開園の楽水苑には、『源氏物語』ゆかりの草木約100種が植えられた。シダレウメが咲く頃はツバキも開花。散りツバキとシダレウメの共演、ウメの花びらが地面を覆うさまも美しい。花々に心を満たされた後は、城南宮の方除の御加護をいただく。新たな第一歩を踏み出すのにふさわしい場所だ。

降り注ぐように咲く150本のシダレウメ

POINT

痛みを治す菊水若水

東大寺のお水取りの香水は、若狭の遠敷川から城南宮の「菊水若水《きくすいわかみず》」の下を通り、二月堂の若狭井に達するといわれている。江戸時代、霊元《れいげん》法皇がこの水を飲み、痛みが治ったとか。

御利益

- 方除
- 家庭円満
- 人間関係円満

DATA

御祭神　国常立尊《くにのとこたちのみこと》、八千矛《やちほこの》神《かみ》、息長帯《おきながたらし》日《ひ》売尊《めのみこと》

住所　京都府京都市伏見区中島鳥羽離宮町7

アクセス　京都市営地下鉄烏丸線「竹田」駅から徒歩約15分

※本書記載のデータは2019年5月現在のものです。記載内容に変更が生じる場合もあります。

※神名の表記について、同じ神が『古事記』や『日本書紀』、またはほかの文献でもさまざまに異なります。さらに神社ごとに異なるので、原則として神社側の表記に則っています。

編集協力：藪内健史、西田明美、田中文乃（株式会社クリエイティブ・スイート）

執筆：清塚あきこ、井本旬子

装丁：諸橋藍

本文デザイン・DTP：小河原德（株式会社クリエイティブ・スイート）

画像協力及びクレジット：p1、p32©TOSHI.K/PIXTA：p2、p20©ARTemis/PIXTA：p8©wifi neko/PIXTA：p11©tak36lll/PIXTA：p12Noppakun Wiropart©123RF：p14©Alpsdake、p15Amnach Kinchokawat©123RF、©木村優光/PIXTA：p17©tenjou/PIXTA：p18©まりーな/PIXTA：p22©663highland：p23©horizon/PIXTA、©miiko/PIXTA：p24©撮るねっと/PIXTA：p26©kattyan/PIXTA：p27©グッチー/PIXTA、©夢中人/PIXTA：p28©BLUE7/PIXTA：p29©Ran/PIXTA：p30©Indiana jo：p31©うえだ/PIXTA：p34©さとう/PIXTA：p35©櫻井神社：p36©なるくん/PIXTA：p39waldfoto©123RF：p40©usual japanscape/PIXTA：p41©神戸夜行/PIXTA：p42©or-kame/PIXTA：p44©小河原德：p46©Инариский：p47©Co0316co、©C7/PIXTA：p48©うっちー/PIXTA：p50©ja:User:Sanjo：p52©Ippukucho：p53©JIRI/PIXTA：p58©663highland：p62©Tetsuhiro Terada：p63©Buuchi/PIXTA：p66©shig2006：p67©046X/PIXTA：p68©Hiroko/PIXTA：p73©tenjou/PIXTA：p74©Crown of Lenten rose：p76 mtaira©123RF：p78©You.t/PIXTA：p79©tenjou/PIXTA、©ちりまゆ/PIXTA：p80©hasy0723/PIXTA：p81©めがねトンボ/PIXTA：p82©shonen/PIXTA：p83©春日大社：p84©安ちゃん/PIXTA：p86©出雲ぜんざい学会：p88©Daisuke Shibuya/PIXTA：p90©Art Photo AYA/PIXTA：p91 septembersun©123RF：p92©yanpon/PIXTA：p95©むーさん/PIXTA：p96©Hiro☆彡/PIXTA：p98 tktktk©123RF：p99 Sean Pavone©123RF：p100©生太郎/PIXTA：p101©花火/PIXTA：p103©秩父市観光課：p104©roadstar/PIXTA：p108©トモヤ/PIXTA：p109©godgigamera/PIXTA：p110 Amnach Kinchokawat©123RF：p111©長門市役所：p112©夢幻人/PIXTA：p116©CHU/PIXTA：p117©MatsuPhoto/PIXTA：p120©Yoshitaka/PIXTA：p122©まちゃー/PIXTA：p124©IPCHIROSE/PIXTA：p125©小河原德：p126©きゅーまる/PIXTA

《参考文献》

『桜の名所』主婦の友社 編（主婦の友社）

『日本の歳事としきたりを楽しむ』芳野宗春 著（PHP研究所）

『図解 日本神話』山北篤 著（新紀元社）

『神社検定公式テキスト1』神社本庁 監（扶桑社）

『図解 大づかみ日本史』『歴史読本』編集部 編（KADOKAWA）

『イチから知りたい！神道の本』三橋健 著（西東社）

『江戸東京の寺社609を歩く 下町・東郊編』槇野修 著、山折哲雄 監（PHP研究所）

『総武線さんぽ』（交通新聞社）

『「日本の霊山」がよくわかる本』戸部民夫 著（PHP研究所）

『日本人なら知っておきたいお寺と神社』歴史の謎を探る会 編（河出書房新社）

『これならわかる！「古事記」』竹田恒泰 監（学研パブリッシング）

『全国の神社めぐり』渋谷申博 著（株式会社GB）

『面白いほどよくわかる日本の神社』渋谷申博 著、鎌田東二 監（日本文芸社）

『御朱印めぐり開運さんぽ旅』（ぴあ）

『お参りしたい神社百社』林豊 著、田中恆清 監（JTBパブリッシング）

『出雲大社』千家尊統 著（学生社）

『日本の新絶景』（洋泉社）

ほかに各神社のオフィシャルホームページなど参照しています。

死ぬまでに一度は行ってみたい

絶景神社

2019年7月2日　第1版第1刷発行

編　者　ＰＨＰ研究所
発行者　後藤淳一
発行所　株式会社ＰＨＰ研究所
東京本部　〒135-8137　江東区豊洲5-6-52
第四制作部人生教養課　☎03-3520-9614（編集）
普及部　☎03-3520-9630（販売）
京都本部　〒601-8411　京都市南区西九条北ノ内町11
PHP INTERFACE https://www.php.co.jp/
印刷所
製本所　凸版印刷株式会社

 ISBN978-4-569-84328-5